数字经济时代下
零售业的发展研究

刘小筱　代桂勇◎著

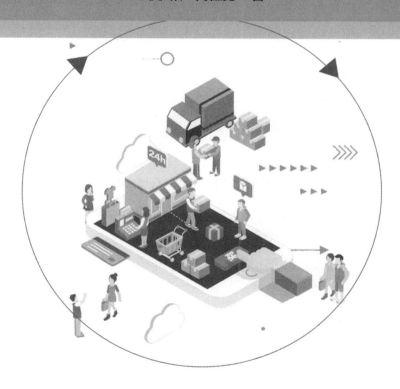

经济管理出版社

ECONOMY & MANAGEMENT PUBLISHING HOUSE

图书在版编目（CIP）数据

数字经济时代下零售业的发展研究 / 刘小筱，代桂勇著. -- 北京：经济管理出版社，2024.4
ISBN 978-7-5096-9671-2

Ⅰ. ①数… Ⅱ. ①刘… ②代… Ⅲ. ①零售业-网络营销-研究 Ⅳ. ①F713.32②F713.365.2

中国国家版本馆 CIP 数据核字（2024）第 080021 号

组稿编辑：张馨予
责任编辑：张馨予　杜羽茜
责任印制：黄章平
责任校对：王淑卿

出版发行：经济管理出版社
　　　　　（北京市海淀区北蜂窝 8 号中雅大厦 A 座 11 层　100038）
网　　址：www.E-mp.com.cn
电　　话：（010）51915602
印　　刷：唐山昊达印刷有限公司
经　　销：新华书店
开　　本：720mm×1000mm/16
印　　张：11
字　　数：169 千字
版　　次：2024 年 12 月第 1 版　　2024 年 12 月第 1 次印刷
书　　号：ISBN 978-7-5096-9671-2
定　　价：98.00 元

目　录

第一章 绪论

第一节 研究背景及研究意义

一、研究背景

随着数字技术的不断发展，其对产业结构和经济发展格局都产生了一定的影响，数字经济等新型经济应运而生并蓬勃发展。这些新型经济迅速崛起，成为世界各国提高经济发展质量和争夺国际经济话语权的重要战略高地。为了抢占数字经济的制高点，世界各国纷纷将发展数字经济作为国家经济发展的核心战略。欧盟（EU）、经济合作与发展组织（OECD）等积极参与其中，推动数字经济的发展。中国、美国、德国、法国、加拿大、印度等国家都在数字经济领域展开了激烈的竞争，力图通过发展数字经济来提升本国经济的竞争力和国际地位。

数字经济作为继农业经济、工业经济之后，深刻影响和改变人类经济社会发展模式的重要经济形态，是我国经济转型发展的重中之重。从"数字中国"到"数字化转型"，我国数字经济发展的特色和重点日益突出。数字经济的快速发展不仅为我国经济转型发展注入了新的动力，也为人类经济社会发展开辟了新的道路。

在数字经济的发展过程中，互联网、大数据、人工智能等新一代信息技术得到了广泛应用，推动了传统产业向数字化、智能化方向转型升级。同时，数字经济的快速发展也催生出了一系列新业态、新模式和新产业，为经济增长提供了新的动力。

我国政府高度重视数字经济的发展，将其作为国家经济发展战略的重点之一。近年来，我国数字经济的规模不断扩大，发展水平也不断提高。在数字经济领域，我国已经涌现出了一批具有国际竞争力的龙头企业，如腾讯、阿里巴巴、华为等。同时，我国在数字经济领域的创新能力也在不断提高，成为全球数字经济发展的重要推动力量。

数字经济具有高创新性、强渗透性、广覆盖性等特点，能够深刻地影响和改变人类的生产方式、生活方式和社会结构。数字经济的快速发展有助于提高经济发展的质量和效益，促进产业结构优化升级，推动经济发展方式转变，为人类经济社会发展开辟新的道路。2018~2023年《政府工作报告》对数字经济的相关内容均有涉及。《2018年政府工作报告》首次提出"数字中国"建设。《2019年政府工作报告》提出要壮大数字经济；《2020年政府工作报告》提出要全面推进"互联网+"，打造数字经济新优势。《2021年政府工作报告》提出推动产业数字化智能化改造，协同推进数字产业化和产业数字化，加快数字化发展，建设数字中国。《2022年政府工作报告》提出传统产业数字化智能化改造加快，促进数字经济发展；加快发展人工智能等数字产业；推进公共文化数字化建设。《2023年政府工作报告》提出加快传统产业和中小企业数字化转型；大力发展数字经济，提升常态化监管水平，支持平台经济发展。具体如表1-1所示。

表1-1 2018~2023年《政府工作报告》中涉及数字经济的内容

年份	涉及数字经济的内容
2018	首次提出"数字中国"建设
2019	壮大数字经济
2020	要全面推进"互联网+"，打造数字经济新优势
2021	推动产业数字化智能化改造，协同推进数字产业化和产业数字化，加快数字化发展，建设数字中国

续表

年份	涉及数字经济的内容
2022	提出传统产业数字化智能化改造加快，促进数字经济发展，加快发展人工智能等数字产业；推进公共文化数字化建设
2023	提出加快传统产业和中小企业数字化转型；大力发展数字经济，提升常态化监管水平，支持平台经济发展

随着数字经济的不断发展，一大批新兴的数字技术，如人工智能、区块链等不断涌现，对经济发展产生了极大的推动作用，同时也在一定程度上改变了传统行业的发展方式。数字经济通过实现实体经济与数字技术的有机结合，打破了传统行业在空间和时间上的限制，为企业提供了更广阔的发展空间和更多的商业机会。

数字技术的发展为企业进行商业分析提供了强有力的支持。通过运用大数据分析等技术手段，企业可以更好地了解和掌握市场动态、消费者需求等信息，从而更好地识别用户需求，提供更精准、个性化的产品和服务。这不仅有助于提高企业的市场竞争力，还为企业提供了更多的商业机会，开拓了更多的合作伙伴。

传统的零售业在发展过程中面临着诸多问题。高昂的运营成本、较低的运营效率以及单一的商品供给等问题一直困扰着传统零售业的发展。同时，传统的电商行业在经历数年的高速发展后，也面临着平台抽成比例过高、获客成本上升、行业竞争激烈等困境，使得电商行业的利润空间不断缩小，企业发展陷入困境。

数字经济的发展为传统零售业注入了新的活力。除提供有效的技术支持外，数字经济的发展还催生了一种新的商业形态——新零售模式。新零售模式采用线上与线下融合的全渠道模式，有效协同云端、门店和物流之间的关系，为传统零售业的转型提供了新的机遇。

对于零售企业而言，在数字经济的背景下，进行数字化转型是必然选择。数字化转型可以帮助企业提高运营效率、降低运营成本、实现价值倍增。在数字化转型过程中，企业需要注重技术应用和创新，构建高效的数字化渠道和平台，加强与消费者之间的互动和沟通，提升客户体验和服务质量。同时，企业还需要积极探索新的商业模式和战略合作，以适应数字经济时代的发展趋势和市场变化。

通过数字化转型，零售企业可以更好地满足消费者需求、提升市场竞争力、拓展商业机会。例如，通过大数据分析，企业可以了解消费者的购买习惯和需求偏好，从而为其提供更精准的产品推荐和服务；通过线上与线下融合的全渠道模式，企业可以实现云端、门店和物流之间的协同，提高运营效率、降低运营成本；通过数字化平台建设，企业可以拓展新的销售渠道和推广途径，增加销售额和市场份额。

总之，数字经济时代为零售业带来了巨大的机遇和挑战。企业需要积极适应数字化转型的趋势，注重技术创新和应用，构建高效的数字化渠道和平台，加强与消费者之间的互动和沟通，提升客户体验和服务质量。只有这样，才能在数字经济时代取得成功并不断发展。

二、研究意义

（一）理论意义

首先，虽然当前对于数字经济的探讨较多，但绝大部分的研究都集中在某一特定零售企业的数字化转型问题上，而对于整个零售行业的发展研究相对较少。在数字经济的大背景下，对整个零售行业的发展进行深入探究，能够有效地对现有的研究文献进行补充，弥补现有研究的不足。本书研究能够为政策制定者、研究人员和企业管理者提供更全面的视角，以理解数字经济对零售业整体发展的影响。

其次，当前对于数字经济与行业发展的研究，往往聚焦于制造业，而对于零售业的研究相对较少。然而，零售业与广大消费者的日常生活息息相关，它涉及商品流通、市场交易等各个方面。在数字经济的影响下，零售业的发展模式、运营方式以及业态创新等方面都发生了深刻的变化。因此，对数字经济时代下的零售业发展进行研究，具有重要的理论价值，有助于我们更好地理解零售业在数字经济时代的规律和特点。本书研究能够揭示数字经济如何改变零售业的运营模式和市场结构，预测未来零售业的发展趋势，为零售企业提供策略建议。

（二）现实意义

首先，传统的零售业在发展过程中面临着诸多挑战，如成本控制、运营效率以及进货渠道单一等。这些挑战在一定程度上制约了传统零售业的进一步发展。为了应对这些挑战，一些零售企业选择积极寻求自救，着手制定自身的数字化转型战略。例如，沃尔玛等企业已经在企业内部实施了数字化战略，并取得了显著的成效。然而，仍有部分企业在数字化转型过程中遇到了较大的困难。本书通过深入探究数字经济时代下零售业整体的发展情况，旨在发现成功的实践案例，为零售业的发展和数字化转型提供有意义的参考和借鉴。这些案例可以为其他零售企业提供切实可行的数字化转型路径，帮助它们解决现实问题，提高运营效率和市场竞争力。

其次，本书运用多种方法对数字经济的影响效应进行研究，针对各个地区数字经济发展的阶段，以及不同的问题，提出相应的对策建议，旨在充分发挥数字经济的促进作用，推动零售业实现持续、健康的发展。这些对策建议可以为政府和企业提供具体的行动方案，帮助它们更好地把握数字经济的发展机遇，促进零售业的转型升级。

此外，本书还强调了数字经济与零售业深度融合的重要性。随着数字经济的不断发展，零售业需要紧跟时代步伐，借助数字化手段不断提升自身的竞争力。通过研究数字经济与零售业的融合发展，可以深入了解零售业在数字经济时代的规律和特点，为零售业的创新发展提供有力的理论支持和实践指导。本书研究能够促进数字经济与零售业的深度融合，推动零售业的创新发展和转型升级，为我国经济的持续增长和社会进步做出贡献。

总之，本书旨在通过深入研究数字经济时代下零售业的发展情况以及数字经济对零售业高质量发展的影响效应，为零售业的发展和数字化转型提供有意义的参考和借鉴。同时，本书强调数字经济与零售业的深度融合对于推动零售业创新发展的重要性，以期为各省份紧抓数字经济发展机遇，赋能零售业高质量发展提供理论指导和实践指导。本书研究具有重要的现实意义和理论价值，将有助于推动我国零售业的持续发展和转型升级。

第二节　国内外研究现状

一、关于数字经济的研究

目前，国内外对于数字经济的内涵尚未形成统一的看法，随着数字经济的发展，其内涵也在不断发生变化。1996 年，唐·塔普斯科特（Don Tapscott）在其专著《数字经济：智力互联时代的希望与风险》一书中提出了"数字经济"这一概念，但是他在该书中没有对数字经济给出相应的定义（Tapscott，1996）。1998 年，美国商务部（DOC）发布了《浮现中的数字经济》（The Emerging Digital Economy）报告，对数字经济进行了定义，该报告认为数字经济是电子商务和信息技术产业的加总（数字中国研究院，1999）。

近年来，数字技术发展较为迅速，各国政府和学术界都对数字经济给予了较大的关注，对于数字经济的定义也各不相同。Moulton（1999）从电子商务和信息技术产业等行业层面给出了数字经济的定义。Carlsson（2004）、Chaffey 等（2009）、Petkovska 等（2018）、Bukht 和 Heeks 从新经济、知识经济、互联网经济等经济形态层面给出了相应的定义；García - Herrero 和 Xu（2018）则从信息通信技术层面给出了定义。

数字经济是一种以数字信息为基础、以互联网和信息通信技术为主要载体的新型经济形态。数字经济不仅涵盖了传统的信息通信及软件行业等数字基础产业，还涉及了电子商务、互联网社交、数字创意等新兴领域。这些新兴领域正逐渐成为各国经济发展的重要引擎。

数字经济的快速发展对整个经济社会产生了深刻的影响。它不仅改变了人们的生活方式和工作方式，还推动了传统产业的数字化转型和升级。数字经济已经成为各国经济发展的新动能，为经济增长提供了强有力的支撑。同时，数字经济的发展也面临着一些挑战，如数据安全、隐私保护等问题，需要各国加强合作，共同应对。OECD（2014，2017，2018）的报告中认为，数字经济已经不再局限于传统的信息通信及软件行业等数字基础产业，而是逐渐渗透到各个领域和行业中。数字经济的应用已经深入到人们的生活和工作中，成为推动社会进步和发展的重要力量。

二、数字经济的影响因素及测度

随着数字经济的不断发展，学界对于数字经济的影响机制进行了一定的研究，同时一些学者也对其进行了测度。

（一）对于数字经济的影响因素研究

Lazović 和 Dvrička ković（2014）认为在数字经济的影响因素中，宽带基础设施在其中起到了重要的作用。Muhammad 等（2011）、Huang（2019）也持有类似的观点，认为其影响因素中信息技术起到了关键的作用。信息技术对于交易频次和用户的数量都会产生一定的影响。王彬燕等（2018）的研究重点主要在东北地区，研究数字经济的空间分异因素和其影响因素。其研究发现，科研投入在其中起到了关键的作用，还有一些核心的影响因素，如人口、城市、消费水平等。

（二）对于数字经济的测度

对于数字经济的测度，其界限的界定不同，所得到的结果也会有所不同。一般来说，对数字经济的测度可以从以下两个方面来进行：

第一，对数字经济的规模进行测度。康铁祥（2008）对中国的数字经济的规模进行了测度。该测度主要从两个方面来进行：一是数字产业部门，包括电子信息产业、互联网产业、通信产业等；二是数字辅助活动，包括数字化设备制造、数字化软件开发、数字化服务提供等。

第二，对数字经济发展水平进行测度。2018 年，联合国国际电信联盟（ITU）从信息与通信技术（ICT）接入、ICT 使用、ICT 技能三个维度测度了ICT 发展指数，以衡量数字经济。其中，ICT 接入主要是指人们获取和接触数字技术的渠道和方式；ICT 使用是指人们利用数字技术进行各种活动的情况，如在线学习、电子商务等；ICT 技能是指人们掌握和运用数字技术的能力。

此外，对于数字经济的测度还可以从其他多个角度来进行。例如，可以考察数字经济对就业的影响、对产业结构优化的贡献等。这些测度方法各具特点，根据不同的研究目的和需求可以选择适当的测度方法。同时，需要注意到数字经济是一个动态发展的领域，其测度方法也需要不断更新和完善。

三、数字经济对经济高质量发展影响的效应

关于数字经济对经济高质量发展影响的效应，可以从不同的角度进行研究：第一，新发展理念是高质量发展的重要组成部分。万永坤和王晨晨（2022）提出数字经济对经济高质量发展的作用源自于"创新、协调、绿色、开放、共享"的新发展理念的引领。第二，从微观、中观、宏观等不同层面进行影响效应的分析。张蕴萍等（2021）指出数字经济在高质量发展中扮演了重要的角色。第三，基于供给体系视角进行影响效应的研究。宋洋（2019）认为数字经济有助于降低经济运行的风险，提高资源配置效率。同时，一些学者对影响的效应进行了测度。宁朝山（2020）认为数字经济和高质量发展之间为正相关关系。张腾等（2021）的研究结果显示，其影响既有正面的，也有负面的。

此外，还有学者对数字经济的影响机制问题进行了研究。任保平（2020）指出数字经济具有"三大机制"：其一，数字经济可以提高企业的创新能力，从而更好地提高企业的效率。其二，传统产业的改革可以依托于数字经济，更好地在该产业内部进行产业创新。数字经济也就成为产业改革的动力。其三，数字技术可以更好地在消费者和零售商之间建立起桥梁，帮助零售商更好地了解消费者的需求，根据消费者的需求生产相关的产品、提供相关的服务。因此，数字经济有利于提升产品和服务的质量。

其他学者也就此方面进行了一系列的研究，其基本观点也是类似的，本书将其主要观点总结如下：第一，这一机制是由创新驱动。闵路路和许正中（2022）指出，数字经济主要通过各种形式的创新推动经济的高质量发展。第二，数字经济可以提高创业的活跃度，从而对经济的高质量发展产生积极影响。第三，数字经济可以促进产业结构升级。张蕴萍等（2021）、徐晓慧（2022）指出，数字经济有助于产业结构的优化升级，可以进一步推动经济的高质量发展。第四，数字经济可以大大提高要素配置的效率。李宗显和

杨千帆（2021）提出，数字经济影响高质量发展的一条途径是通过改善要素匹配的效率，从而实现这一机制。

第三节　相关概念界定

一、数字经济相关概念界定

（一）定义

关于数字经济的定义，前文已经阐述过，国内外学者对此并不统一。本书拟采取国务院在 2022 年 1 月 12 日发布的《"十四五"数字经济发展规划》中的定义："数字经济是继农业经济、工业经济之后的主要经济形态，是以数据资源为关键要素，以现代信息网络为主要载体，以信息通信技术融合应用、全要素数字化转型为重要推动力，促进公平与效率更加统一的新经济形态。数字经济发展速度之快、辐射范围之广、影响程度之深前所未有，正推动生产方式、生活方式和治理方式深刻变革，成为重组全球要素资源、重塑全球经济结构、改变全球竞争格局的关键力量。"

（二）基本要素

数字经济的基本要素包括以下几个方面：

1. 新的通用目的技术——信息通信技术，也可称为数字技术

国内对通用目的技术（GPT）的研究并不多，但这一概念在国际上具有十分重要的地位。加拿大经济学家 Richard Lipsey 指出，人类有史以来只有 24 种技术属于通用目的技术。其中，驱动第一次工业革命的蒸汽机，以及驱动第二次工业革命的电力和内燃机，是最典型的、最重要的。现在，以互联网、大数据和人工智能为代表的数字技术已经成为新的通用目的技术，驱动一场新的革命，这是继蒸汽机引发机器革命之后最重要的变革。

信息通信技术（ICT）是数字经济的基础和核心，它不仅是经济社会发展的关键驱动力，也是现代社会的基础设施。数字技术的不断进步和普及，

如互联网、大数据和人工智能等新兴技术的融合和发展，使得信息传输速度更快、范围更广，也改变了人们的生产方式和生活方式。数字技术的广泛应用，促进了产业结构升级和经济发展方式的转变，推动了社会经济的快速发展。在数字经济时代，数字技术已经成为企业竞争力的重要标志之一，也是国家竞争力的重要体现。

随着互联网、移动终端、大数据、云计算、人工智能等技术的不断发展，ICT 对人们的生活和工作方式产生了深刻的影响。例如，人们可以通过互联网进行购物、交流、学习和娱乐等活动；企业可以通过大数据分析市场趋势和消费者需求，提高生产效率和服务质量；政府可以通过云计算提高公共服务水平和效率。这些技术的广泛应用，不仅改变了人们的生活方式，也促进了经济发展和社会进步。

数字经济的快速发展，需要政府和企业等各方面的支持和投入。政府需要加强数字化基础设施建设和公共服务，提高数字化治理能力和水平；企业需要加强技术创新和人才培养，提高数字化核心竞争力和市场适应能力。同时，也需要加强数字化安全保障和隐私保护，营造数字化发展的良好环境。

2. 新的生产要素——数字化的知识和信息

知识、信息和数据是三个相关相近但确实是不同的概念。在数字经济时代，这些概念在不断地演变和深化，人们逐渐开始使用"数据"来代替"数字化的知识和信息"，并将其作为继土地、劳动（劳动力）、资本和企业家之后的新的生产要素。这种转变不仅反映了数字技术对经济形态的影响，也体现了人们对生产要素的认识在不断地深化。

首先，知识是一种对客观事物的认识和理解，它可以通过文字、语言、图像等多种形式进行表达和传递。在数字经济中，知识的重要性越来越突出，它不仅是企业获取竞争优势的关键，也是消费者做出明智决策的基础。

其次，信息是人们通过各种渠道获取到的关于客观事物的各种形式的数据、消息、新闻等。在数字经济中，信息的传播和共享至关重要，它可以帮助人们更好地了解市场动态、竞争状况和企业运营情况。

最后，数据是用来描述客观事物的原始材料，它是未经处理和加工的原始记录。在数字经济中，数据已经成为一种新的生产要素，它可以通过数字技术被转化为有用的信息和知识，为企业提供更广阔的创新空间和更高效的生产方式。

我国近年来积极开展数据交易的探索和实践，加快培育数据要素市场。然而，这方面的挑战并不比所带来的价值少。数据的确权、流动、保护、交易规则等方面都需要智慧和充分的研究。只有解决好这些问题，才能真正释放数据的潜在价值，推动数字经济的发展。

综上所述，知识、信息和数据在数字经济中都扮演着重要的角色。随着数字技术的不断发展，这些概念也在不断地演变和深化。只有充分认识和理解这些概念的本质和特点，才能更好地推动数字经济的发展和创新。

3. 新的基础设施——现代信息网络

现代信息网络是数字经济发展的重要基础设施，它包括互联网、物联网、云计算、大数据中心等新兴技术和设施。这些基础设施的建设和完善，为数字经济的快速发展提供了有力支撑。现代信息网络可以实现海量数据的采集、传输、存储和分析，为各行业提供智能化、个性化的服务和解决方案，同时也促进了生产要素的流动和优化配置。此外，现代信息网络还为人们提供了更加便捷、高效、安全的生活方式和公共服务，如在线教育、远程医疗等。

数字经济的基本要素之间相互作用、相互促进，形成了数字化经济发展的生态系统。新的通用目的技术为数字经济提供了强大的技术支持和驱动力，如人工智能、区块链等，这些技术不断推动着技术和经济的融合发展。新的生产要素——数字化的知识和信息是数字经济发展的核心资源，如大数据、云计算等，它们促进了经济社会的数字化转型和升级。新的基础设施——现代信息网络为数字经济发展提供了基础保障和支持，如互联网、物联网等，它们加速了数字化经济的发展进程。

在数字经济生态系统中，各要素之间的相互作用和融合发展也面临着一些问题。例如，数据安全和隐私保护问题、技术标准和互操作性问题、数字鸿沟问题等。为了解决这些问题，我们需要加强政策引导和技术支持，推动数字经济生态系统的健康和可持续发展。例如，政府可以制定相关政策法规，加强数据安全和隐私保护；企业可以加强技术研发和技术标准制定，提高互操作性；社会可以加强对数字鸿沟问题的关注，推动该问题的解决，保障弱势群体的权益。

总之，数字经济的基本要素包括新的通用目的技术、新的生产要素和新的基础设施。这些要素的相互作用和融合，推动了数字经济的快速发展和创新升级。为了更好地适应数字化经济发展的趋势和要求，我们需要加强对数字经济基本要素的研究和探索，以更好地推动我国数字经济的持续发展和提升。同时，我们也需要不断深化对数字经济基本要素的认识和理解，以更好地把握数字经济发展的规律和特点。

（三）基本特征

1. 平台化

新的基础设施是数字经济产生的重要原因，互联网平台催生了新的商业环境。在互联网平台的支持下，信息技术将供应商和消费者之间的距离缩短，大大降低了两者之间的沟通成本。通过互联网平台，企业可以更直接地与消费者进行互动和沟通，了解消费者的需求和反馈，从而提供更精准的产品和服务。例如，电商头部平台阿里巴巴为商家提供了大量基础、标准化的服务，聚集了大量的商家，为消费者提供了各式各样的商品和服务。商家之间也通过互联网平台实现了大规模的协作，构成了一个超大规模的协作分工体系。在数字经济生态系统中，各要素之间的相互作用和融合发展却面临着一些问题。例如，数据安全和隐私保护问题、技术标准和互操作性问题、数字鸿沟问题等。为了解决这些问题，我们需要加强政策引导和技术支持，推动数字经济生态系统的健康和可持续发展。同时，也需要不断深化对数字经济基本要素的认识和理解，以更好地适应数字化经济发展的趋势和要求。互联网平台作为数字经济时代的重要基础设施，为企业提供了更广阔的发展空间和更多的商业机会。在数字经济的背景下，商家可以实现大规模的协作，构成一个超大规模的协作分工体系。为了更好地推动数字经济的发展，我们需要加强对互联网平台的研究和探索，以更好地发挥其作用和优势。

2. 数据化

数据化是数字经济最核心的特征，也是企业实现数字化转型的关键要素。在数字经济时代，数据的应用场景已经从企业内部的独立运作扩展到了跨企业、跨行业的生态圈中。这种新的应用方式使得数据的流动和共享成为数字经济时代的重要特征。

云计算技术的出现，打破了企业原有的界限，将企业内部和外部的技术连接在一起。这种连接使得企业能够更好地利用数据资源，实现更高效、更智能的业务运营。同时，云计算也为数据的存储、处理和分析提供了更强大的支持，使得企业能够更好地挖掘数据中的价值。

随着数据流动和共享的加强，企业间的合作和信息交流也得到了极大的提升。这种提升不仅有助于企业实现更快速的业务增长，还能够帮助企业构建全新的商业生态和价值网络。在这个新的生态圈中，企业能够更好地实现信息的交流与互换，提升业务效率和创新能力。

然而，新的商业模式和价值网络却带来了更多的挑战和风险。首先，数据的流动和共享需要企业建立更紧密的合作关系，共同构建新的商业生态圈。这需要企业摒弃传统的竞争思维，积极寻求合作共赢的机会。其次，数据的保护和管理成为企业需要面临的重要问题。在数字经济时代，数据不仅是企业的核心资源，也是企业的核心利益。因此，企业需要加强对数据的保护和管理，确保企业的核心利益不受损害。

总之，数字经济时代的数据流动和共享为企业带来了更多的机会和挑战。企业需要积极适应新的数据流动和共享方式，与其他企业建立更紧密的合作关系，共同构建新的商业生态圈。同时，也需要加强对数据的安全保护和管理，确保企业的核心利益不受损害。只有这样，才能在数字经济时代取得成功和发展。

3. 普惠化

在数字经济的环境下，普惠化的特点较为明显。下面分别就科技领域和金融领域阐述数字经济普惠化的特点。

第一，在科技领域，如前文所述，云计算的出现打破了企业原有的边界，使得企业之间能够更好地获得资源，个人也可以基于此更好地获得自己想要的资源，而无须购买相应的硬件，从而使得企业和个人的成本降低，并且有利于企业和个人更好地提高创新的效率。

第二，在金融领域，数字技术的出现对于普惠金融的实现起到了关键的作用。企业可以通过大数据更好地进行个体风险的评估，从而更好地为个体提供合适的金融服务。许多金融企业基于大数据推出了自己的新型信用评分模型，提高了企业可授信客户的数量。此外，这一举措也有利于企业吸纳更多的客户。根据银行的数据，新型信用评分模型帮助其企业类客户量增加了4.6倍，个人类客户数量增加了16倍。这一"井喷式"的增长与信息技术的运用有着密不可分的关系。

因此，数字经济的特点是降低门槛、扩大参与、共享和普惠。通过云计算、大数据等技术手段，个人和企业可以更方便地获得所需的资源和服务，降低成本和技术门槛，提高创新效率。同时，以互联网信用为基础的新型信用评分模型等创新模式的应用，使得金融信贷服务更加普惠和精准，让更多个体享受到适合自己的金融服务。这些特点将有助于推动数字经济的发展，促进社会的进步和繁荣。

（四）基本类型

数字经济正全面提速发展，数字经济总量的背后是数字经济的五种基本类型推动着社会经济发展形态的演进。数字经济的五种基本类型如下所述：

1. 基础型数字经济

基础型数字经济主要体现为数字基础设施建设与数字产品的生产和供给。这一类型包括电子信息制造业、信息传输业和软件信息技术服务业等，侧重于物理数字基础设施建设，如互联网、物联网、数据中心等，这些基础设施为其他类型的数字经济提供了坚实的基础。

2. 资源型数字经济

资源型数字经济主要体现为数据资源的利用，包括潜在的数据资源及数据资源的利用。在数字化时代，数据被赋予了前所未有的重要性，而资源型数字经济就是通过对数据的收集、整理、分析和利用，来驱动社会经济的发展。

3. 技术型数字经济

技术型数字经济主要体现为数字经济领域的前沿技术、颠覆性技术的投入，以及围绕技术转移、转化带来的技术输出。例如，人工智能、区块链、云计算、大数据等新兴技术的发展和应用，为数字经济的发展注入了强大的动力。

4. 融合型数字经济

融合型数字经济主要体现为通信技术、网络技术等与传统产业的融合带来的规模增长，其重点是与第一产业、第二产业的融合。随着新一代信息技术的不断发展，传统产业与数字技术的融合越来越深，从而带来了产业效率的提升和经济的发展。

5. 服务型数字经济

服务型数字经济主要指数字技术与第三产业的融合，是针对消费者各方面生活需求提供的便捷、高效、快速的数字服务。例如，在线教育、在线医疗、在线旅游等新兴服务业的发展，为消费者提供了更加优质、便捷的服务体验。

这五种类型的数字经济相互促进、相互融合，共同推动了数字经济的快速发展。在未来的发展中，我们需要进一步深化对数字经济的认识和理解，加强政策支持和市场引导，推动各类数字经济的协同发展，以实现社会经济的持续发展和进步。

二、零售业相关概念界定

(一) 概述

零售业是工农业生产者将生产的产品以买卖形式直接销售给居民作为生活消费用途，或者销售给社会集团以供公共消费用途的商品销售行业。

这一定义涉及的要点如下：

第一，零售是将商品及相关服务提供给消费者作为其最终消费之用的活动。例如，如果将汽车轮胎卖给4S店，4S店在进行汽车维修时将轮胎卖给客户，这种活动不能称为零售，但是如果顾客是自行购买的轮胎，安装在自己的车上，那么这种活动就称为零售。

在零售的定义中，最终消费是其中的关键。这个定义强调顾客在购买有关的服务或者商品后，并不用于生产，而是直接进行了最终的消费。在上面的例子中，4S店的这一行为不叫"零售"，而应称为"批发"。

第二，零售这一活动不仅涉及商品，通常还包括与商品有关的服务。例如，顾客购买沙发时，通常也包含与沙发有关的配送和安装服务等，即顾客在购买商品的同时，也购买了有关的服务。这种绑定对于消费者和零售商而言是一种双赢，给消费者带来便利的同时，零售商也通过从中收费赚取了相关的利润。

第三，零售活动不一定需要局限在某些地点，而是可以通过各式各样的形式进行，早些年的电视购物、上门推销，近些年较为流行的网购、自动贩卖机等形式，都可以视为零售的形式，而不受销售商品地点的影响。只要零售商销售的商品是消费者最终进行消费的商品或者服务，都是零售的具体形式。

第四，零售的客体并不一定局限于个体的消费者，社会集团也可以作为零售的客体。比如，学校购买书本的行为，也可以称之为零售活动。根据统计，中国的零售活动中，社会集团所占比例为10%。

（二）零售业态分类及特点

零售业态是指零售企业根据不同的消费需求和经营条件，采用相应的要素组合，形成不同的经营形态。总体上，零售业态可以分为有店铺零售业态和无店铺零售业态两种。有店铺零售业态是指具有实体店铺的零售业态，如食杂店、便利店、折扣店、超市、大型超市、仓储会员店、百货店、专业店、专卖店、家居建材店等。无店铺零售业态则是指不具有实体店铺的零售业态，如电视购物、邮购、网上商店、自动售货亭、电话购物等。

就商人主体而言，零售业态是商人针对某一目标市场所选择的体现商人意向和决策的商店。不同的零售业态具有不同的经营特点和服务功能，能够满足不同消费群体的需求。例如，食杂店主要满足居民日常生活所需的食品和日用品需求，便利店则以方便快捷为主要特点，折扣店则以低价销售商品为主要经营模式。

随着经济的发展和消费者需求的不断变化，零售业态也在不断发展和创新。现代零售业已经不再是单纯的商品销售，而是融合了商品销售、服务提供、体验创造等多个方面的一体化经营。同时，随着互联网和移动设备的普及，无店铺零售业态也得到了快速发展，成为现代零售业的重要组成部分。

常见的零售业态包括连锁商业、连锁超市、特许经营、商业街、购物中心五种。其具体定义如表1-2所示。

表 1-2 常见零售业态类别及其概述

类别	概述
连锁商业	指经营同类产品或服务的若干企业，在总部企业的领导下，通过规范化经营，实现规模效益的经营形式和组织形态。其特点包括低成本、低风险、快速扩张等。在连锁商业模式下，总部企业负责品牌设计、商品生产、渠道采购、规范服务和制度管理等，分散的中小微企业主体则以连锁加盟等形式接受总部企业的统一组织领导，通过专注于销售能力本身，拓展客户，最终分担相对微薄的收益
连锁超市	指经营同一类别的商品和售后服务的若干超市以一定的形式合并成统一的整体，在总部的组织领导下，采取共同的经营方针、一致的营销行动，实行集中采购和分散销售的有机结合，通过规范化经营实现规模经济效益的联合。连锁超市具有经营理念、企业识别系统及经营商标、商品和服务、经营管理四个方面的一致性，在此前提下形成专业管理及集中规划经营组织网络，利用协同效应的原理，使企业资金周转加快、议价能力加强、物流综合配套，从而取得规模效益，形成较强的市场竞争力，促进企业的快速发展
特许经营	指拥有注册商标、企业标志、专利、专有技术等经营资源的企业（以下简称特许人），以合同形式将其拥有的经营资源许可其他经营者（以下简称被特许人）使用，被特许人按照合同约定在统一的经营模式下开展经营，并向特许人支付特许经营费用的经营活动
商业街	由众多商店、餐饮店、服务店共同组成，按一定结构比例规律排列的商业繁华街道，是城市商业的缩影和精华，是一种多功能、多业种、多业态的商业集合体。商业街采用东西方向排列，以入口为中轴对称布局，建筑立面多采用塔楼、骑楼、雨罩的元素使空间产生新的划分，室内空间既设置了集中商业，又有零散店铺，是西方现代购物中心与中国传统商铺的有机组合
购物中心	指多种零售店铺、服务设施集中在一个建筑物内或一个区域内，向消费者提供综合性服务的商业集合体。这种商业集合体内通常包含数十个甚至数百个服务场所，业态涵盖大型综合超市、专业店、专卖店、饮食店、杂品店以及娱乐、健身、休闲场所等。购物中心通常由投资者根据实际需要，在统一规划、设计的基础上兴建，然后招商租赁所有承租的商店共同使用公共设施，也分担公共支出，彼此既互相联系，又相互竞争

资料来源：高瞻智库整理。

同时，本书对零售商业业态的一般分类及其特点进行了归纳，如表 1-3 所示。

表 1-3 零售商业业态的一般分类及其特点

大类	小类	模式概况	特点
零售商店	百货商店	指综合各类商品品种的零售商店	①商品种类齐全；②客流量大；③资金雄厚，人才齐全；④重视商誉和企业形象；⑤注重购物环境和商品陈列
	专业商店	指专门经营某一类商品或某一类商品中某一品牌的商店，突出"专"	①品种齐全；②经营富有特色、个性；③专业性强

续表

大类	小类	模式概况	特点
零售商店	超级市场	以主、副食及家庭日用商品为主要经营范围,实行敞开式售货,顾客自我服务的零售商店	①实行自我服务和一次性集中结算的售货方式;②薄利多销,商品周转快;③商品包装规格化、条码化,明码标价,并注有商品的质量和重量
	便利商店	接近居民生活区的小型商店	①营业时间长,以经营方便品、应急品等周转快的商品为主,如饮料、食品、日用杂品、报刊等,并提供优质服务,如快递服务等;②商品品种有限,价格较高,但因较为方便,仍受消费者欢迎
	折扣商店	以低价、薄利多销的方式销售商品的商店	①设在租金便宜但交通便利的繁华地段;②经营商品品种齐全,多为知名度高的品牌;③设施投入少,尽量降低费用;④实行自助式售货,提供的服务很少
	仓储商店	是 20 世纪 90 年代后期才在我国出现的一种折扣商店	①位于郊区的低租金地区;②建筑物装修简单,货仓面积很大,一般不低于 1 万平方米;③以零售的方式运作批发,又称量贩商店;④通常采取会员制销售来锁定顾客
无店铺零售	上门推销	企业销售人员直接上门,挨家挨户逐个推销	直接、成本高
	电话、电视销售	比较新颖的无店铺零售形式	利用电话、电视作为沟通工具,向顾客传递商品信息,顾客通过电话直接订货,卖方送货上门,整个交易过程简单、迅速、方便
	自动售货	利用自动售货机销售商品	自第二次世界大战以来,自动售货已被大量运用在多种商品上,商品多为糖果、报纸、饮料、化妆品等
	购货服务	零售商凭购物证给该组织成员一定的价格折扣	主要服务于学校、医院、政府机构等大单位特定用户
联合零售	批发联号	小零售商自愿参加批发商的联号,联号成员以契约作联结,明确双方的权利和义务	批发商获得了忠实客户,零售商按比例在批发联号内进货,保证了供货渠道
	零售商合作社	主要是由一群独立的零售商按照自愿、互利互惠原则成立的,以统一采购和联合促销为目的的联合组织	统一采购、联合促销

大类	小类	模式概况	特点
联合零售	消费合作社	由社区居民自愿出资成立的零售组织,实行民主管理	按低价供应社员商品,或制定一定价格,社员按购物额分红
	商店集团	一种零售业的组织规模化形式,没有固定的模式	在一个控股公司的控制下包括各行业的若干商店,通常采用多角化经营

资料来源:高瞻智库整理。

(三) 零售行业新模式——新零售

1. 定义

新零售(New Retailing)是一种全新的零售模式,它以互联网为依托,利用大数据、人工智能等先进技术手段,对商品的生产、流通和销售过程进行全面升级和改造。这种新模式重塑了业态结构和生态圈,将线上服务、线下体验和现代物流深度融合,为消费者提供了全新的购物体验。新零售不是简单地将线下店铺和线上平台相结合,而是一种对整个商品供应链的优化和再造。通过运用大数据技术,企业可以对消费者需求进行精准分析,实现更加精细化的市场划分和商品定位。人工智能的应用则可以提高企业的运营效率和服务质量,如智能化的库存管理、自动化的订单处理以及个性化的推荐服务等。在新零售模式下,线上和线下的界限逐渐模糊。消费者可以通过线上下单、线下取货的方式进行购物,也可以在线下体验商品后通过线上平台购买。这种相互融合的购物方式为消费者提供了更多的选择和便利,也使得企业能够更好地满足消费者的需求。现代物流是新零售模式的重要组成部分。通过高效的物流系统,企业可以实现快速配送和精准送达,提高消费者的购物体验。同时,物流也成为连接线上和线下的重要桥梁,为消费者提供更加便捷的售后服务。这种新模式正在重塑整个零售业,成为未来零售业发展的重要趋势。

2016年11月2日,国务院办公厅正式发布了《关于推动实体零售创新转型的意见》(国办发〔2016〕78号)(以下简称《意见》),其中明确了推动中国实体零售业创新转型的指导思想和基本原则。同时,为了实现商业结构的调整、创新发展方式的推进、跨界融合的促进、发展环境的优化以及政策支持的强化，《意见》作出了具体部署。在促进线上线下融合方面，《意见》特别强调了建立适应融合发展的标准规范和竞争规则，引导实体零售企业逐步提高信息化水平，将线下物流、服务、体验等优势与线上商流、资金流、信息流进行融合，以拓展智能化、网络化的全渠道布局。

2. 发展动因

第一，线上零售行业遭遇了增长瓶颈。尽管线上零售在过去取得了巨大的成功，并取代了传统零售的功能，但从目前来看，线上流量红利已经达到了顶峰。具体来说，从两大电商平台——天猫和京东的获客成本可以看出，电商的线上流量红利已经难以进一步提升。同时，线下边际获客成本几乎没有变化，而实体零售行业正进入整改的关键阶段，因此线下渠道的价值正面临重新评估。这种情况促使线上零售企业开始寻求新的增长点，包括拓展线下业务、加强品牌建设、提高服务质量等。

第二，新技术的不断涌现拓展了线下场景的智能化和消费社交。移动支付、大数据、虚拟现实等技术的普及和应用，进一步开拓了线下场景和消费社交，使得消费不再受时间和空间的限制。例如，移动支付的广泛应用使得消费者可以随时随地完成支付，不再受限于固定的收银台或结算方式。同时，大数据分析可以帮助企业更好地了解消费者需求和行为特征，从而提供更个性化的产品和服务。虚拟现实技术的应用则可以让消费者在购物过程中体验到更加真实的感受，提高购物的满意度和体验感。

第三，新新消费群体的崛起对零售业产生了重要影响。新新消费群体主要由"80后"和"90后"组成，他们普遍接受过高等教育，追求自我提升，并逐渐成为社会的中坚力量。他们的消费观念注重质量和性价比，愿意为高质量的商品和服务支付更高的价格。这一群体的崛起对零售业的产品和服务质量提出了更高的要求，推动了行业的升级和转型。为了满足新新消费群体的需求，零售企业需要不断提高产品的品质和服务质量，注重消费者的购物体验和个性化需求。同时，也需要加强品牌建设，树立良好的企业形象，赢得消费者的信任和支持。

第四，社交电商的兴起也为零售业带来了新的机遇。社交电商将社交媒体和电子商务相结合，利用社交平台的用户基数和互动性强的特点，为电商提供了一个全新的销售渠道。社交电商可以借助社交媒体平台进行产品推广和销售，同时也可以通过用户的反馈和评价来了解消费者的需求和反馈，从而更好地调整产品和服务。社交电商的兴起不仅为消费者提供了更加便捷的购物方式，也为零售企业提供了更加广阔的销售渠道和更加精准的市场定位。

3. 典型特征

新零售是一种依托于互联网的新型的零售模式，通过大数据、人工智能等技术，对于商品的生产、流通和销售等过程进行重塑，改变了零售业原有的业态结构和生态。与此同时，新零售将线上和线下结合在一起。"新零售"的典型特征如下：

第一，新零售时代的商业生态，具有强烈的生态性。这不仅体现在其多元化的功能集成，如购物、娱乐、阅读、学习等，更在于其以自然生态系统思想为指导的商业系统构建。这个系统由主体企业与共生企业群以及消费者共同组成，相互依存、动态平衡，关注企业的自身发展和与外部环境的互动和协同发展。新零售时代的消费需求更加个性化、即时化、便利化、互动化、精准化、碎片化，而"智慧型"购物方式则在一定程度上满足了这些需求。高科技购物方式，如智能试装、隔空感应、拍照搜索、语音购物、VR逛店、无人物流、自助结算、虚拟助理等，让消费者可以更加便捷地进行购物。同时，这些新技术也为企业提供了更多的销售渠道和营销机会，从而进一步促进了企业的发展。在新零售时代，体验式消费成为商业发展的重要趋势。通过利用线下实体店面，将产品嵌入到所创设的各种真实生活场景之中，让消费者能够全面深入了解商品和服务，从而触发消费者的视觉、听觉、味觉等方面的综合反馈。这种体验式消费不仅可以增强消费者的购买决策信心，还可以增进他们的参与感与获得感，并进一步提升品牌价值和市场竞争力。

第二，新零售的核心理念是打破传统零售模式的边界，实现真正的无界化。企业不再受制于单一渠道或资源的限制，而是通过全面整合线上和线下平台、实体和虚拟资源，打造出一种全新的零售模式。这种零售模式彻底消除了各零售渠道之间的壁垒，实现了资源的自由流动和优化配置。在无界化的新零售体系下，消费者可以随时随地通过各种渠道进行购物，无论是实体店铺、网上商城、电视营销中心，还是自媒体平台和智能家居等。消费者可以享受到全方位的购物体验，包括咨询互动、交流讨论、产品体验、情景模拟以及购买商品和服务等。这种无界化的零售体系以消费者为中心，以智能化、个性化和差异化为导向。它不仅实现了商业生态链的全面互联和共享，提升了消费者的购物体验和满意度，也为企业在激烈的市场竞争中提供了更多的商业机会和竞争优势。通过无界化的零售体系，企业可以更好地了解消费者需求和市场趋势，更加精准地定位目标客户和市场定位。同时，企业可以通过该体系提升品牌价值和市场竞争力，为消费者带来更加便捷、灵活和个性化的购物体验。这种无界化的零售体系将成为未来发展的重要方向和趋势。

第三，智慧型购物方式是新零售时代的核心驱动力。随着社会的进步和科技的发展，人们对购物的期望也在不断提高，更加注重个性化、即时化、便利化、互动化、精准化、碎片化的体验。为了满足这些日益增长的需求，企业需要借助智慧型购物方式，以更高的效率和更好的体验来提升消费者的购物体验和满意度。在新零售时代，购物不再是一种简单的交易行为，而是成为一种综合性的消费体验。消费者可以通过各种渠道和方式进行购物，如实体店铺、网上商城、社交媒体、智能家居等。这些渠道和方式都需要借助智慧型购物方式来实现无缝衔接和融合，让消费者可以自由地选择最适合自己的购物方式，享受到更加智能化、个性化和差异化的服务。智慧型购物方式的应用范围非常广泛，包括智能试装、隔空感应、拍照搜索、语音购物、VR逛店、无人物流、自助结算、虚拟助理等。这些新技术不仅可以提高购物的便利性和舒适性，还可以帮助企业更好地了解消费者需求和市场趋势，从而提供更加精准的产品和服务。同时，这些新技术还可以为企业带来更多的商业机会和竞争优势，促进企业的发展和创新。未来的新零售时代将更加注重消费者的购物体验和满意度。智慧型购物方式将成为新零售时代的重要特征，这些新技术将更加深入地应用到消费者的购物过程中，让消费者的购物体验更加便捷、智能和个性化。同时，企业也需要不断创新和发展，不断优化自身的商业模式和服务模式，以更好地满足消费者的需求和期望。

第四，随着中国经济的持续发展和消费者需求的不断升级，体验式消费逐渐成为商业发展的重要趋势。城镇居民人均可支配收入的增加和物质产品的丰富，使得消费者更加注重购物过程中的体验感受。人们不再仅仅关注商品的价格，而是更加重视商品的价值以及购物所带来的体验。在体验式消费中，企业通过实体店面为消费者创造出各种真实的生活场景，将商品和服务融入到这些场景中，让消费者有机会亲身感受和体验商品。这种体验式经营方式赋予了消费者全面深入了解商品和服务的直接机会，从而触发消费者视觉、听觉、味觉等方面的综合反馈。在体验式经营方式下，企业精心设计各种真实生活场景，将商品和服务与消费者的日常生活紧密相连。消费者可以在实体店面中亲身体验商品和服务，感受商品的质量和功能，以及其带来的实际利益。这种体验不仅增强了消费者的参与感和获得感，还进一步提高了消费者对品牌的信任度和忠诚度。同时，体验式经营方式也为企业带来了更多的商业机会和竞争优势。通过提供优质的购物体验，企业可以吸引更多的消费者，提高销售额和市场份额。此外，体验式经营方式还可以提高消费者的黏性和忠诚度，为企业带来更多的口碑传播和推荐机会。在未来商业发展中，体验式经营方式将继续发挥重要作用。企业需要注重提供优质的购物体验，加强品牌建设，提高消费者对品牌的信任度和忠诚度，从而在激烈的市场竞争中获得更大的优势。

新零售革命性地打破了线上线下的固有边界，推动了线上线下的深度融合。这种融合让线上平台超越了原有的交易与支付功能，转而成为连接消费者与企业的纽带，提供了更加便捷的购物方式和丰富的商品选择。线下平台则更加注重消费者的体验与商品筛选，致力于为消费者创造更加优质、个性化的购物环境。在新零售模式下，线上和线下的融合不仅是渠道的融合，更是用户体验的融合。这种融合让消费者既能更加便捷地购买商品，又能享受到线下实体店提供的优质服务。例如，消费者可以通过线上平台浏览商品信息、比较价格、预约试衣间等，然后在实体店体验商品并完成购买。这种模式不仅保留了线下购物的真实感和信任感，也结合了线上购物的便捷和高效。在新零售模式下，高效的物流成为连接线上线下不可或缺的一环。通过高效的物流系统，线上和线下的商品可以快速流通，确保了消费者能够在最短的时间内收到购买的商品。这种模式使得线上和线下的界限变得更加模糊，形成了完整的商业闭环。随着科技的不断发展，新兴科技对购物全过程的渗透日益加深。例如，人工智能、大数据、物联网等技术的应用使得商家可以对消费者进行精准画像分析，了解消费者的购物习惯和需求，从而为消费者提供更加个性化的购物推荐和服务。同时，AR、VR等技术的应用也使得消费者可以更加直观地了解商品的信息和试穿效果，提升了整体购物体验。在新零售模式下，消费者可以自由地畅游在智能、高效、快捷、平价、愉悦的购物环境中。这种模式不仅深度满足了年轻群体对消费升级的强烈需求，还为消费者提供了前所未有的个性化、多元化和便捷化的购物体验。年轻消费者更加注重个性化、多元化和便捷化的消费需求，而新零售模式正好能够满足这些需求，提供更加智能化、高效化和个性化的购物体验。新零售模式是未来商业发展的重要趋势，它将线上与线下的优势相互融合，形成了更加高效、智能和便捷的购物体验。这种模式还为企业提供了更多的商业机会和竞争优势，促进了企业的发展和创新。

第二章　数字经济与零售业
发展历程分析

第一节　数字经济发展历程

一、数字经济整体发展历程

（一）发展概况

数字经济的概念在最早出现在美国，美国的学者唐·塔普斯科特（Don Tapscott）在1996年出版的《数字经济：智力互联时代的希望与风险》一书中第一次提出了数字经济的概念。1998年，美国商务部发布了《浮现中的数字经济》报告，正式提出了数字经济的概念。此后，随着数字经济步入高速发展期，并且在各行各业广泛应用，各个国家（地区）都推出了自己的数字经济发展战略和数字议程等，都希望通过数字经济，更好地拉动经济发展。各个国家（地区）的数字经济的战略主要集中在信息通信领域、政府服务领域、商业部门、中小企业、卫生医疗、交通运输、国民教育、网络监督、气候监测、数据安全、个人隐私等领域。各个国家（地区）的数字经济战略和数字议程如表2-1所示。

表 2-1　各个国家（地区）的数字经济战略和数字议程

国家（地区）	年份	名称
美国	1999	"网络与信息技术研发计划"（NITRD）
	2008	数字经济战略
	2012	大数据战略
	2016	《国家人工智能研发战略计划》
欧盟	2000	eEurope
	2003	eEurope2005
	2005	i2010
	2010	欧洲数字议程
	2015	欧洲数字化单一市场战略
德国	2010	《数字德国 2015》
	2014	《数字议程（2014—2017）》
	2016	《数字化战略（2025）》
英国	2010	《数字经济法案（2010）》
	2013	《英国信息经济战略 2013》
	2015	《英国数字经济战略 2015—2018》
	2017	《英国数字战略》
日本	2001	《e-Japan》
	2004	《u-Japan》
	2009	《i-Japan》
	2013	《ICT 成长战略》
	2014	《智能日本 ICT 战略》

资料来源：中国信息通信院《G20 国家数字经济发展报告（2018 年）》。

（二）主要国家（地区）推进举措

1. 美国

自 2016 年以来，美国政府积极投身于数字经济的前沿科技和高端制造业的探索与发展，陆续发布了一系列的战略计划，如《联邦大数据研发战略计划》《国家人工智能研究和发展战略计划》《智能制造振兴计划》《国家制造创新网络战略计划》《美国机器智能国家战略报告》《先进制造业美国领导力战略》等，旨在推动数字经济的快速发展。这些战略计划广泛涉及大数据、人工智能、智能制造等多个领域。

20 世纪 90 年代，美国就开始着手于制定数字经济领域的战略规划。当时正值信息技术的飞速发展时期，为了抓住这一历史性机遇，美国政府推出了"信息高速公路"战略，致力于将美国引领至信息时代的巅峰。此后，美国政府相继发布了一系列关于数字经济发展的报告，如《浮现中的数字经济》《浮现中的数字经济（二）》《数字经济 2000》《数字经济 2002》《数字经济 2003》等。这些报告深入探讨了数字经济的发展趋势、影响及挑战，为美国在数字经济领域的领先地位奠定了基础。

近年来，随着科技的飞速发展，美国政府将战略重点转移到大数据和人工智能等领域，并基于此发布了新的规划。这些战略计划的持续升级为美国数字经济的未来发展描绘了宏伟蓝图。

美国的数字经济发展主要集中在高科技产业和制造业。高科技产业一直是美国经济发展的重要支柱，而制造业则在近年来得到了美国政府的大力支持。美国政府通过实施一系列政策措施来促进制造业的发展，如鼓励企业增加投资、减税等措施来刺激制造业的发展。此外，美国政府还通过支持创新基地等措施来加强自身在数字经济领域的领先地位。

总的来说，美国的数字经济发展呈现出以下特点：一是聚焦数字经济前沿技术并升级相关战略；二是增加投入并加强在人工智能等领域的研发与应用；三是大力发展高端制造业；四是加强创新基地建设以巩固领先地位。自 1998 年以来，美国商务部等部门就数字经济等内容发布了一系列政策文件，探讨数字经济发展的具体问题，如表 2-2 所示。

表 2-2　美国商务部等部门就数字经济和数字国家发布的报告（部分）

序号	时间	名称	发布机构
1	1998 年	《浮现中的数字经济》	美国商务部
2	1999 年	《浮现中的数字经济（二）》	美国商务部
3	2000 年	《数字经济 2000》	美国商务部
4	2002 年	《数字经济 2002》	美国经济和统计管理局
5	2003 年	《数字经济 2003》	美国经济和统计管理局

序号	时间	名称	发布机构
6	2010 年 2 月	《数字国家：21 世纪美国通用互联网宽带接入进展》	美国国家电信和信息管理局
7	2010 年 11 月	《探索数字国家：美国家庭宽带互联网应用》	美国经济和统计管理局、美国国家电信和信息管理局
8	2011 年 2 月	《数字国家：扩大互联网使用》	美国国家电信和信息管理局
9	2011 年 11 月	《探索数字国家：计算机和互联网家庭应用》	美国经济和统计管理局、美国国家电信和信息管理局
10	2013 年 6 月	《探索数字国家：美国新兴在线体验》	美国国家电信和信息管理局、美国经济和统计管理局
11	2014 年 10 月	《探索数字国家：拥抱移动互联网》	美国国家电信和信息管理局
12	2016 年 6 月	《在数字经济中实现增长与创新》	美国商务部
13	2018 年 3 月	《数字经济的定义和衡量》	美国经济分析局

资料来源：腾讯研究院。

2. 欧盟

欧盟发布了多项数字经济的战略，着力打破各个成员国之间的数字市场壁垒，从而在数字经济领域，建立统一的欧洲数字市场，帮助各成员国加强合作，以此实现各国更好的发展。具体而言，欧盟发布的战略举措主要包括以下几个方面：

一是积极加强合作，推动建立数字化单一市场。为了打破成员国之间的数字市场壁垒，欧盟采取了一系列措施，包括加强监管合作、消除法律障碍、促进数据流动等。这些措施旨在建立一个统一的数字市场，使欧洲的数字经济更加繁荣和有竞争力。在推动数字化单一市场建设方面，欧盟还采取了一系列具体的行动计划。例如，2015 年欧盟委员会启动《数字化单一市场战略》，该战略旨在消除成员国之间的数字市场壁垒，促进数字经济的发展。此外，欧盟 2018 年推出了《通用数据保护条例》，该条例旨在保护个人数据和隐私，并确保数据能够在成员国之间自由流动。为了支持工业的数字化进程，欧盟还制定了"欧洲工业数字化战略"。该战略旨在通过数字化技术提高欧洲工业的效率和竞争力，促进欧洲经济的持续增长。此外，欧盟还投入了大量资金支持数字化单一市场建设和工业数字化进程，这些资金主要用于支持创新项目、研发活动和数字化基础设施建设等。通过加强合作、消除数字市场壁垒、推动工业数字化等措施的实施，欧盟的数字经济得到了较好的发展。这些措施不仅有助于提高欧洲经济的效率和竞争力，还能够创造更多的就业机会和增加社会福利。

二是通过在内部建立起相关的数据方面的法律框架，从而更好地进行数据保护。欧盟以数字立法为保障，提出了一系列的有关数据安全的立法，如《资料保护指令》《通用数据保护条例》等，旨在通过这些法律法规，更好地保护个人和企业的数据安全。为打破数字壁垒，提供更为安全的环境，欧盟还出台了一系列的文件，旨在更好地促进数据的流通，并鼓励公共部门之间进行信息资源的共享，从而更好地促进数据的流通和共享，以此推动数字经济的发展。

三是提出有关人工智能方面的战略，旨在通过这些战略促进成员国在人工智能领域进行更为深入的探索。基于此背景，欧盟提出了"人脑计划"，希望为欧盟成员国在人工智能领域的发展奠定了基础。该计划具有一定的前瞻性，希望通过计算机模拟人脑，建立起一个全新的数据生产和处理的平台。将研究数据和产业数据结合起来，从而更好地促进人工智能领域的发展。欧盟还提出了"石墨烯旗舰项目"，这一项目希望通过石墨烯材料，研究出性能更好的芯片，进行人工智能的升级。此外，欧盟还通过了一系列与人工智能直接相关的文件，如《人工智能通讯》《人工智能合作宣言》。希望通过这些文件来更好地推动成员国在人工智能领域的合作，更好地普及人工智能这一技术，更好地促进欧盟整体的发展。

3. 英国

英国一直在积极推进数字经济战略的升级和实施，通过出台一系列重要战略文件，旨在大力推动数字经济的创新发展，并致力于打造数字化强国。英国政府在积极推进数字经济战略的同时，采取了一系列具体措施来落实这些战略文件。英国政府明确了加强 5G 网络和光纤宽带建设的重点发展目标，并制订了具体的实施计划。该计划包括在城市和农村地区建设更多的基站和光纤线路，提高网络速度和覆盖范围。此外，政策性文件还鼓励企业参与网络基础设施建设，并提供资金支持和技术指导，以确保网络建设的顺利进行。英国政府通过支持创新创业、数字化转型等，为数字创新和创业的发展提供了良好的环境。根据《创新创业国家战略》，英国政府设立了一系列的创新基金，为创新创业提供了资金支持。这些基金不仅资助了大量的初创企业，还吸引了大量的人才和投资，进一步促进了数字经济的发展。此外，政策性文件还鼓励个人和企业参与数字化创新和创业，并提供了相关的指导和支持。根据《数字教育战略》，英国政府支持企业和学校开展数字技能培训，通过提供培训课程和实习机会，帮助年轻人和成年人提高数字技能水平。此外，政策性文件还针对数字化转型过程中可能出现的新职业和新技能需求，推出了一系列的职业培训计划和政策。这些计划和政策旨在帮助那些已经或即将从事数字经济相关工作的人提高技能水平，以适应数字化经济发展的需求。同时，英国政府还加强了教师和校长的数字技能水平培训，提高了教育系统的数字化水平。这些措施的实施，为英国数字经济的发展提供了强有力的人才保障。

英国政府大力推动数字经济的创新与发展，通过制定和实施一系列政策和计划，鼓励企业、学术界和个人发挥创新精神，推动数字技术的研发和应用。首先，英国政府设立了专门支持数字经济发展的基金，以鼓励创新和创业。这些基金旨在支持处于早期阶段的企业和创业团队，帮助他们实现创新和扩大规模。还通过提供税收优惠、租金补贴和就业支持等措施，降低创业门槛，吸引更多的创业者和创新团队。其次，英国政府加强了与高校和研究机构的合作，推动数字技术的研发和创新。通过提供资金支持高校和研究机构开展数字技术研究和开发，鼓励他们与企业合作，加快技术成果的转化和应用。还设立了多个创新中心和孵化器，为初创企业和创业团队提供办公场所、技术支持和业务指导等服务。积极推动数字化转型和升级，政府支持企业采用先进的数字技术，提高生产效率、降低成本、改善客户体验等。为此，英国政府推出了一系列针对不同行业和领域的数字化转型计划和支持措施，包括数字化医疗、智能制造、智慧城市等。最后，英国政府通过加强国际合作和交流，推动数字经济的发展。英国积极参与数字经济国际合作和交流活动，与其他国家和地区分享经验和技术。与多个国家和地区签署了数字合作协议，加强了数字经济的合作和共赢。总之，英国政府大力推动数字经济的创新与发展，通过制定和实施一系列政策和计划，鼓励企业、学术界和个人发挥创新精神，推动数字技术的研发和应用。这些措施的实施将有助于推动英国数字经济的快速发展和提升其国际竞争力。这些措施表明了英国政府在推动数字经济创新发展方面的决心和行动。

此外，英国政府不断完善相关立法并增强网络安全能力。在推动数字经济发展的过程中，重视法律环境的建设和网络安全能力的提升。为了保障数字经济的健康发展，英国政府不断完善相关立法，并采取了一系列措施增强网络安全能力。首先，英国政府修订了《数字经济法案》和《数据保护法案》等法律法规，以适应数字经济发展的新要求。这些法案明确了数字贸易、数据保护、网络安全和电子商务等方面的规则和标准，强化了对数字经济活动的监管和管理。同时，英国政府还加大了对网络犯罪的打击力度，严厉惩处网络犯罪行为，维护了数字经济的秩序和稳定。其次，英国政府加强了网络安全能力建设。英国政府支持企业和组织加强网络安全防护措施，提高了网络安全意识和技能水平。英国政府还建立了网络安全事件应急响应机制，及时处理和应对网络安全事件。此外，英国政府还加强了与其他国家和地区的网络安全合作，共同应对全球性的网络安全挑战。通过不断完善相关立法和增强网络安全能力，英国政府为数字经济的发展提供了更加稳定、可靠的环境。这些措施的实施有助于保障英国数字经济的健康发展，提高了英国在全球范围内的网络安全地位和能力。

总的来说，英国政府在推动数字经济发展方面采取了综合性措施，不仅关注基础设施、创新和创业等方面的发展，还重视法律环境和网络安全能力的提升。这些措施的实施将有助于推动英国数字经济的快速发展和提升其国际竞争力。同时，英国政府的做法也为其他国家提供了一定的借鉴和参考，有助于推动全球数字经济的健康发展。

4. 日本

日本一直以来都以科技创新为核心，致力于推动数字经济的快速发展。为了实现这一目标，日本政府制定了一系列具有战略意义的政策措施，如《e-Japan》《u-Japan》《i-Japan》《ICT 成长战略》《智能日本 ICT 战略》等，这些政策着重于推动数字化进程、加强信息通信技术的研究与应用、培养数字化人才等多个方面，从而促进了数字经济的蓬勃发展。

在推动创新方面，日本政府采取了升级创新政策的举措，从 2013 年起每年制定《科学技术创新综合战略》，提出从"智能化、系统化、全球化"的角度推动科技创新。这些战略不仅强调了科技创新的重要性，还为数字经济的发展提供了强有力的政策支持。

此外，日本政府还非常重视高端制造业的发展，特别是智能制造领域。《科学技术创新综合战略 2015》明确提出加强对制造业信息化、大数据等领域的研究和资助，积极推动信息通信、智能制造的发展。为了进一步推动制造业的转型升级，日本政府于 2016 年正式发布日本智能制造参考框架 IVRA（Industrial Value Chain Reference Architecture），这是日本智能制造独立的顶层框架，它建立了智能工厂互联互通的基本模式。这一模式的推出标志着日本智能制造策略有了实质性的突破，也为数字经济的发展提供了新的动力。

除了在智能制造领域取得突破，日本政府还加强了对人工智能等前沿技术的研究与应用。在《集成创新战略》和《综合创新战略》中，明确提出了加强人工智能技术的研究与开发，推动人工智能技术在各个领域的应用，从而提升日本的科技创新能力与竞争力。

总之，通过不断升级创新政策、大力发展高端制造业和加强人工智能等前沿技术的研究与应用，日本政府采取了一系列具有战略意义的措施来推动数字经济的快速发展。这些举措不仅有助于提升日本的科技创新能力与竞争力，还为全球数字经济的发展提供了有益的借鉴和参考。

5. 德国

德国为了弥补数字鸿沟，推动数字化转型，已经连续发布了多份重要政策，包括《数字德国（2015）》《数字议程（2014—2017）》《数字化战略（2025）》《高技术战略 2025》等。这些政策不仅强调了数字化转型的重要性，还为德国的经济发展提供了新的动力。在这些政策中，德国政府积极推动高技术战略的升级，践行"工业 4.0"，并以此为基础推动中小企业的数字化转型。德国政府还加大了对数字化转型的支持力度，为中小企业提供了更多的资金和技术支持，帮助它们更好地实现数字化转型。

第一，弥补数字鸿沟，全面推动数字化转型。德国政府意识到数字鸿沟对经济社会发展的影响，积极采取措施弥补数字鸿沟。2010年，德国政府发布《数字德国（2015）》，提出全面推进数字化转型，包括建设千兆光纤网络、支持创新创业、加强政策框架等。随后，德国政府又相继发布了《数字议程（2014—2017）》和《数字化战略（2025）》，进一步明确数字化转型的目标和行动计划。

在《数字化战略（2025）》中，德国政府提出了一系列具体的行动步骤，包括打造千兆光纤网络、推进智能互联、加强软硬件信息安全、帮助德国企业实践"工业4.0"等。这些行动计划不仅涉及德国数字化转型的诸多领域，也明确了德国全面推动数字化转型的方向和路径。

第二，积极推动中小企业数字化转型。德国政府深刻认识到中小型企业在国家经济发展中的重要地位，同时也清楚地看到数字化转型对于企业生存和发展的决定性作用。因此，德国政府不遗余力地推动中小企业的数字化转型，将其作为国家经济发展战略的重要一环。

在《数字议程（2014—2017）》中，德国政府不仅提出为中小企业建立最佳实践展示中心，提供技术方面的支持，更是通过政策引导，鼓励中小企业积极参与数字化转型。而在《数字化战略（2025）》中，促进中小企业数字化转型被列为德国经济数字化转型的核心行动步骤之一，彰显了德国政府对此的高度重视。

为了推动中小企业的数字化转型，德国政府采取了空前有力的措施。在"中小型企业4.0——数字化生产流程和工作流程"扶持计划下，德国政府不仅在所有地区建立了大量的技能中心，还成立了专门的中小型企业4.0局，致力于提供专业的指导和支持，帮助中小企业更好地适应数字化的生产和工作环境。

此外，德国政府还通过"数字化"（Go-Digital）项目，为中小型企业提供外部咨询服务资金，帮助它们进行IT安全、网络营销和数字化流程等方面的改进。这一举措极大地减轻了中小企业的负担，使他们能够更好地进行数字化转型。同时，德国政府还通过"创新"（Go-Inno）项目，建立起针对创新管理的扶持机制。该机制不仅为中小企业提供了咨询费用的支持，还帮助它们提高了创新管理的专业化水平。这些措施不仅为德国的中小企业提供了有力的支持，更为它们未来的发展奠定了坚实的基础。

第三，积极践行"工业4.0"，不断升级高技术战略。德国政府于2013年4月正式提出"工业4.0"战略，该战略旨在打造以信息物理系统为特征、以智能工厂为具体体现的智能化时代，全面提高德国工业的竞争力。为了进一步践行"工业4.0"，德国政府于2016年5月在其《德国数字化战略2025》中提出了迈向数字化的十项行动计划。这些行动计划涉及在德国经济的核心领域推进智能网联，强化数据安全和数据保护，利用"工业4.0"加强德国制造业的地位，利用数字化技术使研发和创新达到具有竞争力的水平等。

近年来，德国政府不断升级高技术战略。2018年发布的《高技术战略2025》以"为人研究和创新"为主题，明确了德国未来七年研究和创新政策的跨部门目标和举措。该战略旨在进一步推动德国科学技术发展，为德国未来高新技术的发展提供重要指导。

综上所述，德国在弥补数字鸿沟、推动数字化转型方面做出了积极的努力。通过出台多项政策、采取多种措施，德国不断升级高技术战略，积极践行"工业4.0"，推动中小企业数字化转型。这些举措有助于提高德国的经济竞争力，促进德国经济社会的发展。

二、中国数字经济发展概况

发展数字经济是构建现代化经济体系的重要支撑，这一点已经得到了全球范围内的广泛认可。数字经济的快速发展不仅推动了我国经济的持续增长，对于提高社会生产力和综合国力也起到了重要的推动作用。据国家互联网信息办公室发布的《数字中国发展报告（2022年）》，2022年我国数字经济规模达到了50.2万亿元，总量稳居世界第二，同比名义增长10.3%，占国内生产总值比重提升至41.5%。这一数据的增长趋势表明，数字经济的发展在我国已经成为推动经济快速发展的重要力量。随着数字技术的不断进步和创新，数字产业得到了快速发展，数字技术和实体经济的融合日益深化。新业态、新模式不断涌现，为经济发展注入了新的活力。同时，数字企业也在加快推进技术、产品与服务的创新能力提升，不断培育发展新动能。数字经济的快速发展对于我国经济的转型升级和高质量发展起到了积极的推动作用。通过数字技术的广泛应用，传统产业得到了升级和转型，提高了生产效率和产品质量。数字经济的创新发展催生了许多新兴产业和业态，为经济发展提供了新的增长点。然而，我们也应该看到数字经济在发展过程中所面临的问题和挑战。例如，数字鸿沟问题仍然存在，部分人群在数字化时代仍然无法享受到数字技术带来的便利。此外，数字经济的安全和隐私问题也需要引起我们的重视。因此，在推动数字经济发展的同时，我们也需要加强相关政策和法规的制定和实施，保障数字经济的健康发展。

（一）数字产业规模稳步增长

根据《数字中国发展报告（2022年）》，2022年，我国电子信息制造业实现了营业收入15.4万亿元，同比增长5.5%。这一数字反映了我国电子信息制造业的规模和实力，也表明了我国在电子信息技术方面的快速发展。同时，我国软件业也实现了跨越式发展，营业收入首次跃上十万亿元台阶，达到了10.81万亿元，同比增长11.2%。这一数字充分说明了我国软件业的规模和实力不断提升，也表明了我国软件业在数字经济发展中的重要地位。

在软件业内部，根据《2022年软件和信息技术服务业统计公报》，信息技术服务收入达到了70128亿元，同比增长11.7%，占全行业收入的比重达到了64.9%。这一数字表明了信息技术服务在我国软件业中的主导地位，也表明了我国信息技术服务的实力和竞争力不断提升。其中，云服务、大数据服务收入10427亿元，同比增长8.7%，占信息技术服务收入的比重达到了14.9%。这一数字既表明了云服务、大数据服务在我国信息技术服务中的重要地位，也表明了我国在云服务、大数据技术方面的快速发展。集成电路设计收入2797亿元，同比增长12.0%。这一数字既表明了我国集成电路设计的技术水平和实力不断提升，也表明了我国在集成电路设计方面的创新能力不断增强。电子商务平台技术服务收入11044亿元，同比增长18.5%。这一数字既表明了电子商务平台技术服务在我国软件业中的重要地位，也表明了我国电子商务平台的规模和实力不断提升。

据工信部统计，2022年，电信业务收入也实现了稳步增长，达到了1.58万亿元，同比增长7.5%。这一数字既表明了电信业务在我国数字经济发展中的重要地位，也表明了我国电信业务的竞争力和发展潜力不断提升。

总的来说，2022 年我国电子信息制造业和软件业的快速发展为我国数字经济的快速发展提供了重要支撑。未来，随着技术的不断创新和数字经济的深入发展，我国电子信息制造业和软件业还有更广阔的发展前景。

（二）数字技术和实体经济融合深入推进

农业数字化转型在近年来得到了广泛关注和大力推动。随着信息技术的快速发展，农业数字化转型已经成为提升农业生产效率、优化农产品质量、提高农业可持续性的重要手段。

随着信息技术的快速发展，数字技术已经成为现代社会的重要组成部分。数字技术具有高效、便捷、灵活等优点，可以为实体经济提供更加智能化、网络化、数字化的服务。同时，随着全球经济结构的调整和转型升级，实体经济也需要适应新的发展趋势，推动数字化转型，提高产业附加值和竞争力。因此，数字技术和实体经济的深度融合是经济发展的必然趋势。

数字技术和实体经济深度融合的内涵包括以下几个方面：第一，产业结构优化。通过数字技术的应用，推动传统产业的转型升级，加快新兴产业的发展，实现产业结构的优化和升级。第二，生产方式变革。通过数字化生产方式的应用，实现生产过程的智能化、个性化、高效化，提高生产效率和产品质量。第三，管理模式创新。通过数字化管理方式的应用，实现企业资源的优化配置和生产要素的合理流动，提高管理效率和企业的综合竞争力。第四，商业模式创新。通过数字化商业模式的应用，实现商业模式的创新和变革，推动新业态、新模式的产生和发展。

数字技术和实体经济深度融合的路径主要包括以下几个方面：第一，加强政策支持。政府应加大对数字化转型的支持力度，制定相关政策措施，推动数字化转型的进程。第二，加强人才培养。数字化转型需要具备数字化技能和知识的人才的支持，因此应加强数字化人才的培养和引进。第三，推进信息化建设。信息化建设是数字化转型的基础，应加强信息基础设施的建设和完善，为数字化转型提供基础保障。第四，加强企业合作。企业应积极与互联网企业、科技公司等合作，共同推动数字化转型的发展。第五，创新商业模式。企业应积极探索和创新商业模式，适应数字化时代的需求和市场变化。

　　未来，数字技术和实体经济的深度融合将继续深入推进。一方面，随着信息技术的不断发展，数字技术将会更加广泛地应用到实体经济的各个环节中；另一方面，随着全球经济结构的调整和转型升级，实体经济也将继续加快数字化转型的进程。数字技术和实体经济的深度融合将会带来更加广泛、深入的影响，推动经济发展进入一个新的阶段。

　　（三）数字企业创新发展动能不断增强

　　数字企业不仅在规模上实现了快速扩张，数字企业在技术创新和研发方面展现了卓越实力。根据《数字中国发展报告（2022 年）》，2022 年，我国市值排名前 100 的互联网企业总研发投入达到 3384 亿元，同比增长 9.1%，创下历史新高。这些企业在技术研发上的大力投入，不仅推动了行业的发展和进步，也提升了自身的核心竞争力。在研发投入前 1000 家民营企业中，计算机、通信和其他电子设备制造业，以及互联网和相关服务业的平均研发强度分别高达 7.33% 和 6.82%，居所有行业的前两位。这表明这些行业的企业在技术创新和研发方面投入了巨大的资源和精力，以推动产品和服务的升级和改进。创新型数字企业融资支持力度持续加大，科创板和创业板已上市的战略性新兴产业企业中，数字领域相关企业占比分别接近 40% 和 35%。这意味着数字领域的企业在资本市场中得到了更多的关注和支持，为它们的创新和发展提供了更多的资金和机会。工业互联网领域新增上市企业 53 家，首发累计融资规模达到 581.34 亿元。这一数字表明工业互联网领域的企业正在逐渐得到资本市场的认可和支持，为它们的发展提供了更多的资金和动力。

　　此外，数字企业还通过技术创新和研发，不断探索新的业务模式和领域。例如，一些互联网企业开始涉足智能制造、物联网、区块链等高科技领域，通过技术积累和创新，不断开拓新的市场空间。这些探索和创新不仅有助于提升数字企业的竞争力和盈利能力，也为我国的经济发展和社会进步做出了重要贡献。数字企业在技术创新和研发方面的投入正在不断加大，同时它们也得到了更多的融资支持。这些努力将有助于推动数字企业的发展和创新，为我国的经济发展和社会进步做出更大的贡献。

三、中国数字经济相关政策

我国早期的数字经济探索主要集中于信息化建设和电子商务发展领域，党的十八大以来，我国坚持实施网络强国战略，对发展数字经济的重视度不断提升，相继出台了《网络强国战略实施纲要》《数字经济发展战略纲要》《"十四五"数字经济发展规划》《"十四五"大数据产业发展规划》《数字中国建设整体布局规划》等数字经济发展战略，推动实施了"互联网+"行动、大数据行动纲要、企业数字化转型、新型数字基础设施、"东数西算"等一系列数字经济发展工程，助推我国数字经济从小到大、由大到强，2021 年，我国数字经济规模占 GDP 比重就超过了 30%。数字经济逐步上升到国家战略层面，此阶段的政策内容以产业规划和指导意见为主，并形成了较为明确的产业发展方向和发展目标，我国也进入了数字经济发展新阶段。对相关政策文件进行梳理，具体内容如表 2-3 所示。

表 2-3　我国数字经济相关政策及文件

发展阶段	发布时间	文件/政策名称	核心描述
信息化建设 起步阶段	1999 年 1 月	《国务院办公厅转发信息产业部国家计委关于加快移动通信产业发展若干意见的通知》（国办发〔1999〕5 号）	移动通信
	2001 年 7 月	《国务院办公厅转发国家计委等部门关于促进我国国家空间信息基础设施建设和应用若干意见的通知》（国办发〔2001〕53 号）	空间信息基础设施
	2002 年 9 月	《国务院办公厅转发国务院信息化工作办公室关于振兴软件产业行动纲要的通知》（国办发〔2002〕47 号）	软件产业
电子商务 发展与 信息化建设 深入阶段	2005 年 1 月	《国务院办公厅关于加快电子商务发展的若干意见》（国办发〔2005〕2 号）	电子商务
	2006 年 4 月	《国务院关于同意建立全国文化信息资源共享工程部际联席会议制度的批复》（国函〔2006〕30 号）	文化信息资源共享
	2007 年 4 月	《中华人民共和国政府信息公开条例》	政府信息公开

续表

发展阶段	发布时间	文件/政策名称	核心描述
电子商务发展与信息化建设深入阶段	2012 年 7 月	《国务院关于印发"十二五"国家战略性新兴产业发展规划的通知》（国发〔2012〕28 号）	云计算
	2013 年 2 月	《国家发展改革委关于加强和完善国家电子政务工程建设管理的意见》（发改高技〔2013〕266 号）	鼓励在电子政务项目中采用物联网、云计算、大数据等新技术
	2014 年 3 月	《2014 年政府工作报告》	大数据首次写入政府工作报告
	2015 年 7 月	《国务院关于积极推进"互联网+"行动的指导意见》（国发〔2015〕40 号）	"互联网+"
	2015 年 8 月	《促进大数据发展行动纲要》（国发〔2015〕50 号）	大数据
数字经济发展新阶段	2015 年 12 月	习近平在第二届世界互联网大会上发表主旨演讲，正式提出推进"数字中国"建设的倡议	"数字中国"建设
	2016 年 5 月	《国务院关于深化制造业与互联网融合发展的指导意见》（国发〔2016〕28 号）	互联网、制造业
	2016 年 9 月	《国务院关于加快推进"互联网+政务服务"工作的指导意见》（国发〔2016〕55 号）	"互联网+政务服务"
	2016 年 9 月	G20 杭州峰会通过《G20 数字经济发展与合作倡议》	数字经济
	2016 年 11 月	《国务院关于印发"十三五"国家战略性新兴产业发展规划的通知》（国发〔2016〕67 号）	数字创意产业
	2016 年 12 月	《工业和信息化部　财政部关于印发智能制造发展规划（2016—2020 年）的通知》（工信部联规〔2016〕349 号）	智能制造
	2016 年 12 月	《国务院关于印发"十三五"国家信息化规划的通知》（国发〔2016〕73 号）	信息产业、"数字中国"
	2017 年 1 月	《工业和信息化部关于印发大数据产业发展规划（2016—2020 年）的通知》（工信部规〔2016〕412 号）	大数据
	2017 年 3 月	《2017 年政府工作报告》	数字经济首次写入政府工作报告

续表

发展阶段	发布时间	文件/政策名称	核心描述
数字经济发展新阶段	2019 年 3 月	《2019 年政府工作报告》	壮大数字经济
	2020 年 3 月	《工业和信息化部办公厅关于推动工业互联网加快发展的通知》（工信厅信管〔2020〕8 号）	工业互联网等新型基础设施建设
	2020 年 3 月	《工业和信息化部办公厅关于印发〈中小企业数字化赋能专项行动方案〉的通知》（工信厅企业〔2020〕10 号）	数字经济、产业集群数字化
	2020 年 3 月	《中共中央 国务院关于构建更加完善的要素市场化配置体制机制的意见》	推进政府数据公开共享

此外，我国还针对数字经济制定了一系列的相关规划战略。本书选取了2016~2023 年我国数字经济相关的战略规划，由于篇幅限制，每年只选取具有代表性的一份文件，其文件及重点内容如表 2-4 所示。

表 2-4 我国数字经济相关规划战略（部分）

年份	文件名称	重点内容
2016	《网络强国战略实施纲要》	提出建设网络强国"三步走"计划
2018	《数字经济发展战略纲要》	明确了我国数字经济发展基础设施、服务等方面的系统战略部署
2019	《国家数字经济创新发展试验区实施方案》	国家数字经济创新发展试验区工作开展法规
2020	《关于推进"上云用数赋智"行动培育新经济发展实施方案》	以"上云用数赋智"深入推进企业数字化转型，大力培养数字经济新业态
2020	《关于构建更加完善的要素市场化配置体制机制的意见》	分类提出了土地、劳动力、资本、技术、数据五个要素领域改革的方向
2021	《"十四五"大数据产业发展规划》	围绕数据要素价值的衡量、交换和分配全过程做出顶层部署
2021	《新型数据中心发展三年行动计划（2021—2023 年）》	明确了新型数据中心发展格局行动路线
2022	《"十四五"数字经济发展规划》	从顶层设计上明确了我国数字经济发展的总体思路、发展目标、重点任务和重大举措
2023	《数字中国建设整体布局规划》	明确了数字中国建设整体战略部署

资料来源：民生智库营商环境研究中心发布的《我国数字经济政策脉络及政策重点》。

结合近年来政府工作报告数字经济论述、我国数字经济发展战略部署等，对我国数字经济发展的政策归纳如下：

（一）夯实数字基础设施，强化数字经济发展支撑

数字化新基建对于数字经济的持续发展具有重要意义。在过去的几年里，我国已经采取了一系列重要战略举措，以强化数字经济发展的支撑，夯实数字基础设施，为数字中国建设提供了前提条件。

我国在不同阶段实施了一系列重要战略举措，以夯实数字基础设施和扫清数字经济发展障碍。这些举措包括"宽带中国"战略的实施、网络提速降费的推进，以及"互联网+"的全面开展。这些措施有效地促进了我国数字经济的快速发展，为我国数字经济的崛起提供了坚实的基础。

2023年，中共中央、国务院印发《数字中国建设整体布局规划》（以下简称《规划》），明确指出，建设数字中国是数字时代推进中国式现代化的重要引擎，是构筑国家竞争新优势的有力支撑。《规划》提出，要夯实数字中国建设基础。一是打通数字基础设施大动脉，主要通过建设网络基础设施和算力基础设施来实现。网络基础设施是数字经济快速发展的基石，包括高速互联网、物联网、移动通信等。算力基础设施则是指云计算、大数据、人工智能等新一代信息技术的基础设施，这些技术是数字经济创新发展的重要支撑。二是畅通数据资源大循环，着重推进内容数据开放和循环，让数据资源流动起来。数据是数字经济的基础资源，只有通过开放和共享，才能最大限度地发挥数据的价值。

数字化新基建将进一步推动我国数字经济的快速发展。随着网络基础设施的不断完善和数据资源的持续积累，我国数字经济将会有更加广阔的发展空间。同时，数字化新基建也将为我国未来的经济发展提供强大的支撑和保障。

（二）加速将数字经济打造成为经济增长关键动能

强化数字经济对经济增长支撑作用的战略持续出台。从我国政府工作报告关于数字经济的论述来看，数字经济作为经济增长关键动能的引擎作用不断凸显。近年来，我国政府采取了一系列措施来加强数字经济对经济增长的支撑作用（见表2-5）。首先，我国政府在政策层面加强了对数字经济的支持

和引导。例如，制定了一系列政策文件，明确了数字经济发展的战略目标、重点领域和政策措施，为数字经济的发展提供了有力的政策保障。其次，我国政府还加大了对数字经济的投资力度。通过增加对数字经济相关领域的研发投入、加强数字基础设施建设等措施，推动了数字经济的快速发展。此外，鼓励企业促进数字化转型，通过数字化技术提高生产效率、降低成本、提升产品和服务质量。这些措施的实施，不仅促进了数字经济的快速发展，也推动了数字经济与实体经济的深度融合。数字经济的快速发展为我国经济增长提供了新的动力，成为推动我国经济高质量发展的重要支撑。最后，我国政府还加强了对数字经济的安全保障。通过加强网络安全保障、保护个人隐私等措施，确保数字经济的健康有序发展。此外，积极推动数字经济领域的国际合作，加强与其他国家和地区在数字经济领域的交流和合作，共同推动数字经济的繁荣发展。强化数字经济对经济增长支撑作用的战略持续出台，我国政府采取了一系列措施来加强数字经济对经济增长的支撑作用。这些措施的实施不仅促进了数字经济的快速发展，也推动了数字经济与实体经济的深度融合，成为推动我国经济高质量发展的重要支撑。

表 2-5 我国强化数字经济对经济增长支撑作用的战略演进

年份	主要内容
2019	提出深化大数据、人工智能等研发应用，壮大数字经济
2020	提出发展工业互联网，推进智能制造，培育新型产业集群，全面推进"互联网+"，打造数字经济新优势
2021	提出推动产业数字化智能化改造，加快数字化发展，协同推进数字产业化和产业数字化转型，加快数字社会建设步伐
2022	提出促进数字经济发展，加强数字中国建设整体布局。建设数字信息基础设施，促进产业数字化转型，完善数字经济治理，更好赋能经济发展，丰富人民生活
2023	提出数字经济不断壮大，加快传统产业和中小企业数字化转型，着力提升高端化、智能化、绿色化水平。大力发展数字经济，提升常态化监管水平，支持平台经济发展

我国各地区也持续出台多项数字经济战略规划，强化数字经济的战略引擎作用。全国 31 个省（自治区、直辖市）出台了数字经济的专项政策，都将数字经济作为促进经济进一步发展的发力点，着力将数字经济打造成为经

济增长的关键动能，加速推进数字经济和实体经济相互促进、加速融合，促使数字经济成为经济增长关键动能已经成为地区政策发力关键点的"新常态"，元宇宙、人工智能、工业互联网、物联网等数字经济新业态、新模式也成为多地抢滩布局的产业重点。

（三）紧抓产业数字化和数字产业化两条发展主线

产业政策围绕数字产业化和产业数字化两条主线展开。以新一代信息技术为引擎的数字技术广泛深入应用，与之相伴而生的数字化变革逐渐深入经济社会生活的方方面面，数字化已成为经济社会变革的重要驱动和核心引擎，对传统产业的组织和发展模式产生了深远影响。数字化对产业变革的作用主要体现在产业数字化和数字产业化两条主线上。因此，近年来，我国及各地数字经济产业政策及顶层设计均紧紧围绕数字产业化和产业数字化这两条主线展开。

产业数字化是数字技术与实体经济深度融合的系统工程。产业数字化与企业数字化转型密切相关，主要指数字技术对传统产业设计、生产、销售、管理、服务等全生命周期的升级改造，是一个在数据要素驱动和各类要素协调配置下，数字技术与实体经济深度融合的系统工程，即通常所说的"数实融合"。

产业数字化对于产业效率提升、产业结构优化、生产方式升级等均具有不容忽视的推动作用。产业数字化是传统产业转型升级发展重点，也是数字技术赋能企业、产业创新发展，强化价值创造、数据集成以及平台赋能的系统落实过程。

数字产业化为数字经济发展注入发展活力与动力。数字产业化指为产业数字化发展提供数字技术、产品、服务、基础设施和解决方案，以及完全依赖于数字技术、数据要素的各类经济活动，属于数字经济核心产业范畴。

数字产业化的创新成果，如高德打车、阿里云计算等新兴业态，持续向经济社会各领域全过程渗透融合，既推动传统产业的数字化转型，又促进数字经济蓬勃发展，为数字经济发展注入发展活力与动力。数字产业化广泛作用于经济社会生活的方方面面，加速重构生产、分配、流通、消费等经济活动的数字化、网络化、智能化运作体系。

（四）加快推动传统产业和中小企业数字化转型

加快传统产业和中小企业数字化转型已成为国家战略。中小企业是我国国民经济的重要组成部分，也是建设现代化经济体系、推动经济实现高质量发展的重要基础。2023 年《政府工作报告》指出，加快传统产业和中小企业数字化转型，着力提升高端化、智能化、绿色化水平。

随着数字经济的快速发展，产业数字化转型已进入改革攻坚期，传统产业和中小企业的数字化转型已成为决定我国数字经济发展质量及效益的重要因素。然而，传统产业的数字化转型是一个涉及多个方面的系统工程，需要不断聚焦于基础设施、组织再造、流程重组等方面，持续发力推动数字化转型。因此，加快推动传统产业数字化转型仍是今后一段时期的政策及工作重点之一。

我国正在多层面助力中小企业进行数字化转型。由于受到资金、技术、人才等因素的制约，中小企业在数字化转型方面存在不敢转、不愿转、不想转、不会转等问题。为了解决这些问题，我国政府正在采取一系列措施，包括加强政策支持、完善基础设施、推广数字化技术等，以帮助中小企业加速数字化转型。具体来说，我国政府通过出台相关政策、规划及行动计划等，明确数字化转型的目标、重点和路径。2020 年，国家发展改革委、中央网信办印发《关于推进"上云用数赋智"行动，培训新经济发展实施方案》，2022 年，工信部发布《中小企业数字化水平评测指标（2022 年版）》和《中小企业数字化转型指南》，以及还在进行中的"数字化转型伙伴行动"等均是助力中小企业数字化转型的重要举措。同时，加大对中小企业的支持力度，通过财政、税收等方面的优惠政策，降低中小企业的转型成本。我国还不断完善数字化基础设施，包括互联网、物联网、大数据等，以提高中小企业的信息化水平。在推广数字化技术方面，我国通过开展培训、示范、经验交流等活动，帮助中小企业了解和掌握数字化技术；加强与大型企业的合作，引导大型企业向中小企业开放资源，促进中小企业与大型企业的协同发展。此外，我国还通过积极培育数字化服务机构及人才，为中小企业提供专业的数字化转型服务。

（五）发挥数字化赋能作用，多方面推动数字中国建设

数字中国建设是当前中国发展的重要战略之一，其目标是通过数字化转型和升级，推动国家整体经济和社会发展。数字中国建设是一个包含数字经济、数字社会、数字政府以及数字生态等在内的宏观概念，也是一个体现数字技术与经济、政治、文化、社会、生态文明建设"五位一体"深度融合的动态演进概念。

自 2018 年我国首提数字中国建设以来，数字中国建设已经取得了一定的进展。数字技术的广泛应用已经深入到各个领域，包括农业、工业、金融、教育、医疗、交通、能源等重点领域。这些领域的数字化转型和升级，不仅提高了生产效率和质量，也带来了更好的用户体验和服务。

在农业领域，数字化技术的应用已经逐渐普及，包括智能农业、精准农业等。数字化技术可以帮助农民更好地掌握农业生产的情况，提高农业生产的效率和产量。在工业领域，数字化技术可以帮助企业实现智能化生产，提高生产效率和质量。在金融领域，数字化技术可以帮助银行等金融机构更好地管理风险和提高服务质量。在教育领域，数字化技术可以帮助学校更好地管理教学资源和学生信息，提高教育教学的效率和质量。在医疗领域，数字化技术可以帮助医院更好地管理病人信息并进行医疗服务，提高医疗服务的效率和质量。在交通领域，数字化技术可以帮助城市更好地管理交通流量和交通信号灯控制等，提高城市交通的效率和安全性。在能源领域，数字化技术可以帮助电力公司更好地管理电力生产和电力供应等，提高电力供应的效率和安全性。

数字中国建设是一个长期的过程，需要各方的共同努力。未来，还需要继续加强数字化技术的应用和推广，进一步提高数字化技术的普及率和应用水平。同时，加强数字基础设施建设，包括互联网、物联网、云计算、大数据等。此外，加强数字化人才培养和引进，为数字中国建设提供更多的人才支持。

总之，数字中国建设是当前中国发展的重要战略之一，具有重要意义和广阔前景。通过加强数字化技术的应用和推广、加强数字基础设施建设和加强数字化人才培养和引进等方面的努力，可以进一步推动数字中国建设的进

程和发展。以数字赋能加速数字中国建设是长期的时代主题。数字中国整体战略《数字中国建设整体布局规划》提出，推动数字技术和实体经济深度融合，在农业、工业、金融、教育、医疗、交通、能源等重点领域，加快数字技术创新应用。这一论述，无疑再次吹响了加速数字中国建设的号角，今后一段时期，发挥数字化在三次产业、人民生活、能源交通、社会文化等多个领域的赋能作用，全方位多角度加速数字中国建设依旧是重要时代主题。

（六）激活数据要素价值，提升数字治理能力

促进数据要素市场健康发展已成为时代命题。数据是新时代的石油，是国家发展的战略性基础资源，也是推动数字经济发展的强大动力。当今世界，以电子方式记录的数据资源要素已经深刻参与社会生产经营活动的方方面面，成为人们生产生活中不可或缺的重要组成部分。

数据要素能够作用于企业数字化变革，能带来产业效率提升，产生组织结构优化的经济效益。加强数据治理、深化数据开发、保障数据安全、提升数据治理能力已经成为释放数据要素资源价值、促进数据要素市场健康持续发展的重要时代命题。

数据作为新型生产要素，对传统生产方式变革具有重大影响。激活数据要素价值首先要提升数字治理能力。《"十四五"国家信息化规划》提出建立高效利用的数据要素资源体系。"十四五"时期，充分发挥数据的基础资源作用和创新引擎作用，精准谋划、有序推进我国数据资源开发利用，促使数据要素价值释放迈上新台阶，方能为网络强国、数字中国、智慧社会建设奠定坚实基础。

为了实现这一目标，我们需要采取一系列措施。首先，加强顶层设计，制定更加完善的政策和法规，规范数据要素市场的运作秩序。政策和法规是保障市场正常运行的重要基础，只有制定明确、公正、透明的政策和法规，才能确保数据要素市场的公平竞争和合法合规。其次，加强技术研发和创新，提高数据治理能力。数据治理是激活数据要素价值的关键环节，包括数据的收集、存储、处理、分析、共享和保护等方面。只有通过加强技术研发和创新，提高数据治理能力，才能更好地挖掘和利用数据要素的价值。最后，深化国际合作，共同推进全球数据要素市场的建设和发展。国际合作是促进数

据要素市场健康发展的重要途径，通过加强国际合作，可以共同应对全球性的挑战和问题，实现更加广泛的数据要素流动和共享。

未来，随着数字经济的不断发展，数据要素市场将发挥更加重要的作用。只有加强数字治理能力，提升数据要素价值，才能更好地推动数字经济的持续发展，为人类社会的发展进步做出更大的贡献。

第二节　零售业高质量发展内涵及特征分析

一、零售业高质量发展内涵

零售业的高质量发展是基于经济高质量发展的概念提出的，因此要先明确经济高质量发展的内涵。经济高质量发展是在我国追求经济高速发展无法解决社会主要矛盾，从而转变为速度和质量同时发展的背景下提出的。改革开放以来，我国经济增长速度令世界瞩目，但这种发展是以牺牲资源和生态环境为代价的粗放式增长，投入产出效率远低于发达国家，因此亟须向经济高质量发展转变。高质量发展是以满足人民日益增长的美好需要为根本，以创新、协调、绿色、开放与共享的新发展理念为基础，推动政治、经济、社会和生态环境实现协和可持续发展。

零售业作为消费的重要载体，是国民经济正常循环的支撑要素之一。它是与消费端紧密相连的经济业态，与人民生活息息相关。零售业高质量发展是指以服务质量提升为目标，以创新发展为驱动力，通过创新商业模式、拓展销售渠道等实现实体零售和网络零售互补协调发展。因此，零售业的高质量发展对于促进消费、扩大内需、推动经济增长具有重要意义。

二、零售业高质量发展特征

随着数字经济的快速发展，零售业正在经历一场前所未有的变革。在这一背景下，零售业不再仅关注规模扩张和传统商店模式，而是更加注重经营效率和服务质量，以满足消费者日益多样化的需求。同时，网络零售的兴起也正在改变传统零售业的格局，为个体提供了前所未有的创业机会和平台。这些变化不仅对零售企业提出了新的挑战，也为整个社会带来了重要的影响。因此，我们需要深入探讨零售业在数字经济背景下高质量发展的特征，其具体内容如下：

第一，追求质量化零售业不再追求粗放式的规模扩张，而是逐渐转向提高经营效率和服务质量。过去，零售业主要通过不断增加门店数量和实施连锁经营来获取规模经济效应，但这种方式往往忽视了经营效率和服务质量的重要性。随着电子商务的迅速崛起，网络零售为人们带来了便利和新的购物体验，但也暴露出一些严重问题，如存在法律体系不健全、虚假信息泛滥等缺陷，这些问题不仅影响了用户的购物体验和满意度，还可能导致用户的流失。在此背景下，数字经济逐渐发展起来，相关法律法规不断完善，零售业也开始回归初心，从用户需求出发进行数字化转型升级。这种转型不仅显著提高了经营效率，而且实现了服务质量的跨越式提升。例如，京东除提供线上购物服务外，还通过自建仓库和物流团队，为用户提供高效、准时的物流服务。此外，京东还开设了线下京东便利店，通过线上线下融合的创新模式，将优质的商品和服务延伸到消费者身边。这些举措不仅提高了用户购买体验和满意度，还进一步巩固了京东在零售市场的地位。同时，零售业也在不断创新和转型升级，以适应市场的变化和消费者的需求。随着数字经济的不断发展，零售业开始利用大数据、人工智能等技术手段对消费者行为进行分析和预测，从而更好地满足消费者的需求和期望。此外，零售业还开始探索新的商业模式和营销手段，如社交电商、直播带货等，以吸引更多的消费者和提高销售额。

第二，边界模糊化。零售业的边界正在逐渐模糊，传统零售与电子商务的界限也在不断消失。以阿里巴巴为例，其推出的支付宝蚂蚁金服不仅提供金融服务，还通过阿里云提供大数据云计算等技术服务。这些多元化的服务使得阿里巴巴不再仅仅是一家电商公司，而是一家综合性的零售企业。同样地，京东也通过自建物流体系和线下便利店等方式，向新零售迈进。这种趋势使得零售企业能够更好地满足消费者的多元化需求，提高市场竞争力。在边界模糊化的趋势下，零售企业需要不断创新和拓展业务领域。例如，可以通过大数据分析消费者的购买行为和喜好，为消费者提供更加个性化的商品和服务；可以通过线上线下的融合，提供更加便捷的购物体验；可以通过自建物流体系或者合作物流企业，提供更加快速、准时的配送服务等。这些创新举措不仅可以提高企业的经营效率和服务质量，也可以更好地满足消费者的需求和提高市场竞争力。

第三，社会效益化。零售业不再仅仅是销售商品，而是逐渐与其他行业相互融合，衍生出更多新兴业态。随着社会经济的发展，零售业在促进就业方面发挥了越来越重要的作用。它不仅提供了大量的直接就业岗位，还带动了相关产业的发展，如物流、电商、金融等，从而间接创造了更多的就业机会。在稳就业方面，零售业扮演着重要的角色。与其他行业相比，服务业吸纳劳动力的数量最多，而零售业又是服务业就业增长贡献的重要力量。零售业的稳定发展，有助于提高居民的消费水平和生活质量，同时也有助于维护社会稳定和促进经济发展。此外，零售业还通过与其他行业的融合和创新，不断拓展自身的业务领域和市场空间。例如，线上零售与线下实体店的结合，不仅提高了消费者的购物体验，还为零售业带来了更多的商机和增长动力。同时，零售业也在不断探索新的经营模式和服务方式，如无人便利店、智能售货机等，以满足消费者日益多样化的需求。零售业在实现社会效益化方面具有重要的作用。它不仅为居民提供了丰富的商品和服务，还为社会创造了大量的就业机会和经济效益。在未来的发展中，零售业将继续发挥其重要作用，为促进经济增长和社会稳定做出更大的贡献。

网络零售的发展为个体提供了前所未有的创业机会和平台，使得更多人可以足不出户地实现自己的创业梦想。通过网店、直播卖货等方式，个体户和中小企业可以降低市场准入门槛，更加便捷地参与到电子商务行业中。这种创业模式的出现，不仅提升了创业的活跃度，还为我国提供了更多的就业岗位。随着网络零售的快速发展，越来越多的人选择在家创业，通过网络销售商品或提供服务。这种创业方式不仅降低了初始投资成本，而且减少了租赁店面等固定成本的支出，让更多人能够实现自己的创业梦想。此外，网络零售的发展还优化了我国的就业结构。传统的就业模式往往集中在制造业、建筑业等重工业领域，而随着网络零售的兴起，服务业逐渐成为就业市场的主力军。这种转变不仅提高了我国就业市场的灵活性，还为更多人提供了多元化的职业选择和发展机会。网络零售的发展为我国提供了更多的创业机会和就业岗位，降低了市场准入门槛，优化了就业结构。这些积极的影响不仅有助于提升我国的经济发展水平，还有助于实现更加充分、更高质量的就业目标。

第三节　数字经济对零售业发展影响的机制分析

一、理论基础

（一）产业发展理论

产业发展理论创始人为科林·克拉克（Colin Clark）。克拉克的产业发展理论主要研究产业间的发展规律和结构变化。克拉克认为，随着人均国民收入水平的提高，产业结构会经历三个阶段：第一阶段是农业占主导地位的阶段，这个阶段的特点是劳动力主要集中在第一产业；第二阶段是工业占主导地位的阶段，这个阶段的特点是第二产业开始崛起，劳动力逐渐向第二产业转移；第三阶段是服务业占主导地位的阶段，这个阶段的特点是第三产业开始成为主导产业，劳动力继续向第三产业转移。这种劳动力转移的原因在于不同产业之间的相对收入差异，最终会引起产业结构的转型升级。

数字经济行业的发展促进了资本的投资和从业人员的增加，使数字产业进一步增加了发展动力，进而加速了零售产业的数字化发展。产业发展理论认为技术升级可以带动产业链扩张，推动地区的经济发展和居民收入。当前，我国互联网的普及率已经达到非常高的水平，为数字化发展提供了基础。软件开发能力、大数据、云计算、人工智能等技术也日益成熟，这些技术都将成为零售产业数字化发展的支撑。同时，零售业的数字化应用又可以产生大量的数据资产和成熟的技术方案，从而进一步促进产业升级和社会进步。

零售产业数字化发展是通过商品渠道重新整合配置，不断提高运营方式和效率的过程。零售业的数字化发展通过替代传统信息传递方式、高效的物流分发方式、低成本的门店运营模式等有助于零售产业发展。

产业发展理论认为社会分工会导致产业集群效应。我国各地区的发展具有差异，东部地区与中西部地区客观存在经济差异和文化差异，导致了零售业数字化的发展也存在着不平衡的问题。

（二）网络外部性理论

网络外部性是指连接到一个网络的价值取决于已连接到该网络的其他人的数量，并与这些人的行为和交互有关。这种相互依赖的关系使得任何一个消费者行为都与其他消费者的行为紧密相连。

网络外部性主要分为直接外部性和间接外部性。直接外部性是指随着消费相同产品的用户数量的增加，该产品的价值和效用也会随之增加。这种外部性不仅体现在相同产品的消费上，还扩展到了其他互补性产品的消费上。例如，在社交媒体平台上，随着用户数量的增加，该平台的价值不仅在于其自身的可用性和功能，还在于其提供的社交互动和信息传播的价值。间接外部性是指随着某一产品使用者数量的增加，该产品互补品的数量也会随之增加，价格也会相应降低，从而产生价值变化。例如，在计算机行业中，随着个人电脑用户数量的增加，操作系统、办公软件、应用软件等互补品的数量也随之增加，价格也相应降低，从而为消费者带来了更大的价值。

网络外部性对产业发展有着重要影响。例如，在移动通信市场中，网络外部性效应非常明显。随着使用同一手机的人数增多，手机的价值会随之增加，这进一步促使更多的人使用该手机。这种网络外部性也存在于其他领域，如电子商务、社交媒体等。此外，网络外部性还表现为"自有价值"和"协同价值"。"自有价值"是指当不存在新用户时产品自身所带来的价值，而"协同价值"代表的是原来的用户在有新用户时所得到的那部分价值。例如，在一个社交媒体平台上，如果只有很少的用户，那么这个平台的价值就相对较低。但是，随着用户数量的增加，平台的价值也会随之增加，这就是网络外部性的体现。

零售业的数字化发展需要互联网基础设施的不断完善，以及技术开发人才的不断投入。随着数字化发展的深化,数字化的边际成本会不断下降,从而促进零售业务发展和边际收益增加,最终,数字经济的网络外部性效应使整个零售产业的效益得以增加。

零售业数字化的网络外部性特点决定了零售业整体的数字化存在一定的困难。但是,零售产业数字化的建成将改变原有模式,零售业数字化的进程将对零售业上下游环节提供正向的外部效应。网络外部性理论认为,零售业企业数字化的投入不仅能使本身获得收益,对其他同类企业和上下游企业也具有促进作用。由于零售业数字化产业发展的初期,先发展者的投入与风险较大,政府除了要对数字基础设施继续投入以外,还应该针对零售业行业数字化先驱企业的现实困难提供税收优惠、项目补贴、创新资金支持等措施帮助其发展,使其成为发挥网络外部性作用的发起点,进而带动相关产业发展,吸纳技术型人才就业,促进产业增收。

(三)空间溢出效应理论

空间溢出效应理论是指某个空间单元(如城市或地区)发展到一定水平后,由于受到空间位置的限制,其生产要素和资源向周边地区溢出的现象。这种溢出效应在城市规划与发展中尤为常见,主要表现为以下几种情况:第一,城市中心区人口过多,造成交通拥堵、环境恶化等现象,进而促使人口和资源向郊区或周边地区扩散。第二,城市规模过大,导致城市基础设施不堪重负,进而使人口和产业向周边地区扩散,以寻求更好的发展环境。第三,大型商业设施集聚在市中心,导致周边商业区域失衡、商业房价过高等现象,进而促使商业活动向周边地区扩散。第四,某些特定的产业或聚集现象,导致周边服务资源匮乏、人口流失等问题,进而促使这些产业向其他地区转移。

一般而言,某地的某项活动对邻近地区产生影响,距离越近的地区影响作用越大。零售业的数字化进程中,优先数字化的地区的技术和经验会逐渐转移并被邻近的地区所吸收,即产生了空间溢出效应。在产生空间溢出后,这些获得技术和经验溢出的地区将快速地进行复制传播,并参与到市场活动中来。数字经济的空间溢出效应对整个零售业的数字化起到显著的促进作用,使数字技术得到广泛传播,零售行业成本降低,总体收益增加。

我国的经济地域的现状表明,东部地区数字经济发展水平高,中西部地区数字经济发展水平较低，区域性的差异使得数字经济将通过空间溢出效应从东往西辐射全国。最终，促进了东、中、西部地区零售行业的协同发展。

二、影响机制

数字经济对零售业发展影响的机制涵盖了消费者行为、市场环境、技术进步等多个方面。下面我们将对数字经济对零售业发展影响的机制进行详细的分析，以提供全面的视角和深入的理解。

（一）消费者行为的改变

随着数字经济的不断发展，消费者购物的方式和行为发生了显著的变化。这种变化主要体现在以下几个方面：

1. 购物的便利性和时效性

网络购物的便利性和时效性是消费者选择数字经济的重要因素之一。消费者可以随时随地通过互联网进行购物，无须亲自前往实体店，节省了时间和精力。此外，网络购物还可以提供24小时的服务，使得消费者可以在任何时间进行购物，进一步提高了购物的便利性和时效性。对于忙碌的"上班族"来说，他们可以通过网络购买日常用品，而不是在传统的实体店购物，这样既节省了时间，又避免了排队等麻烦。

2. 个性化和定制化需求

在数字经济时代，消费者的需求越来越个性化。消费者对产品的外观、功能和品牌等有着更高的要求，不再满足于传统的单一化产品。因此，零售商需要提供更加个性化的产品和服务，以满足消费者的需求。例如，可以通过数据分析和人工智能等技术，了解消费者的购物偏好和需求，为消费者推荐更加个性化的产品和服务。例如，一些电商平台可以根据消费者的购买历史和浏览记录，推荐适合他们的产品，从而提高消费者的购买体验和满意度。

3. 社交和互动的需求

数字经济为消费者提供了更多的社交和互动渠道。消费者可以通过社交媒体、直播等渠道与其他消费者进行互动，分享购物心得和体验。这种社交和互动的需求不仅可以提高消费者的满意度和忠诚度，还可以为零售商提供更多的营销机会。例如，可以通过直播带货、网红代言等方式，提高产品的知名度和销量。一些网红在社交媒体上展示他们推荐的产品，并分享自己的使用体验，这不仅可以提高产品的曝光度，还可以增加消费者的购买意愿。

总之，消费者行为的改变是数字经济时代的一个重要趋势。随着数字经济的不断发展，消费者对购物的便利性和时效性、个性化和定制化需求以及社交和互动的需求越来越高。为了适应这种变化，零售商需要不断创新和改进自身的业务模式和服务方式，以满足消费者的需求和提高他们的满意度和忠诚度。同时，政府也需要加强对数字经济的监管和规范，保障消费者的权益和安全。

（二）市场环境的改变

1. 市场竞争日益激烈

随着电子商务的持续发展，零售市场的竞争变得越来越激烈。不仅传统的实体店零售商在努力寻求线上销售的突破，而且越来越多的在线零售商也在积极进军实体店市场。这种跨渠道的销售模式使得市场竞争更加复杂和激烈。为了在这种环境中保持竞争优势，零售商需要不断创新并优化其经营模式和策略。例如，利用大数据分析了解消费者的购买行为和喜好，通过技术创新来提高销售效率和提供更好的客户服务。同时，零售商还需要关注如何与消费者建立强大的品牌关系，以吸引并保留消费者。

在市场竞争日益激烈的背景下，零售商需要采取更加积极的策略来应对挑战。除优化经营模式和提供更好的客户服务外，零售商还需要注重如何提升品牌形象和知名度。这可以通过与消费者建立更加紧密的联系来实现。例如，通过社交媒体平台与消费者进行互动，了解他们的需求和反馈，并及时做出回应。此外，零售商还需要注重如何提高产品的品质和独特性，以吸引更多的消费者。

2. 消费者对品质和服务要求的提高

随着消费者对生活品质要求的提高，他们对零售商品的质量和服务也提出了更高的要求。他们不仅关注产品的功能和外观设计，还注重产品的环保性、健康性以及售后服务等。因此，零售商需要采取更加严格的质量控制措施，以确保销售的产品能够满足消费者的期望。零售商还需要提供优质的客户服务，以满足消费者对便利性和个性化的需求。为了满足消费者对品质和服务的要求，零售商需要采取一系列措施来提升产品和服务质量。首先，零售商需要建立完善的质量控制体系，对供应商进行严格的筛选和评估。其次，零售商需要注重产品的设计和研发，以满足消费者对功能和外观的需求。再次，零售商还需要提供优质的售后服务，以解决消费者的后顾之忧。最后，零售商需要注重为消费者提供更好的购物体验，如提供便捷的支付方式、快速的物流服务以及友好的客户服务等。此外，为了提高消费者的满意度和忠诚度，零售商需要建立并维护良好的品牌形象，并提供更好的购物体验。

3. 新型商业模式的涌现

数字经济的快速发展为零售业带来了许多新的商业模式。例如，平台型电商和社交电商平台正在改变消费者的购物方式和习惯。这些新型商业模式为零售商提供了更多的销售渠道和商业机会，通过与平台合作，零售商可以扩大销售范围并降低成本。同时，社交电商平台也为零售商提供了一个了解消费者需求和趋势的重要窗口。通过这些平台，零售商可以与消费者进行更紧密的互动，从而更好地了解市场动态并提高销售效果。这些新型商业模式不仅为零售业带来了新的机遇，同时也带来了新的挑战和竞争格局。

随着新型商业模式的出现，零售商需要不断适应新的市场环境。首先，零售商需要了解并掌握新的商业模式和技术手段，如平台型电商和社交电商等。其次，零售商需要注重如何提高产品的独特性和品质，以满足消费者的需求和期望。再次，零售商需要关注如何提供更好的客户服务，以提升消费者的满意度和忠诚度。最后，零售商需要注重与平台合作并扩大销售范围，以实现商业目标并提高市场竞争力。

（三）技术进步的推动

1. 大数据和人工智能的深度应用

随着科技的不断进步，大数据和人工智能在零售业中的应用已经成为不可或缺的一部分。这些技术的广泛应用为零售商提供了深入分析消费者行为、购物偏好及市场趋势的强大工具。

大数据的应用极大地改变了零售业的运营模式。通过对消费者购物历史、搜索记录、浏览习惯等数据的全面分析，零售商可以更加准确地了解消费者的购物偏好和需求，从而为他们提供更加个性化的产品推荐和服务。这种个性化服务能够提高消费者的满意度和忠诚度，为零售商带来更多的商业机会。利用人工智能技术，零售商可以更加准确地了解消费者的需求和偏好。例如，通过自然语言处理和情感分析技术，可以自动对大量的消费者评价和反馈进行分析，从而帮助企业更好地调整产品和服务。

同时，大数据和人工智能的应用还为零售商提供了更加精准的营销策略。通过分析消费者的购买行为和偏好，零售商可以制定更加个性化的营销策略，提高营销效果和转化率。例如，一些电商平台可以根据消费者的购买历史和浏览记录，向他们推送相关的产品推荐和优惠信息，从而提高消费者的购买体验和满意度。

除了在消费者分析和营销方面的应用，大数据和人工智能在零售业的运营管理方面也发挥了重要的作用。例如，通过机器学习和预测分析技术，零售商可以对销售数据、库存数据等进行全面分析，从而制定更加合理的采购计划和库存管理策略。这种优化可以提高零售商的运营效率和市场竞争力，帮助他们更好地应对市场变化。

综上所述，大数据和人工智能的深度应用正在深刻改变零售业的运营模式和市场格局。通过深入分析消费者行为和购物偏好，零售商可以更加精准地为消费者提供个性化的产品和服务，提高消费者的满意度和忠诚度。同时，这种深度应用还可以帮助零售商优化库存管理、进行精准营销等，提高运营效率和市场竞争力。在数字经济时代，大数据和人工智能的应用将成为零售业持续发展的重要驱动力。

2. 物联网和云计算的助力

物联网和云计算技术的发展为零售业带来了供应链管理和运营效率的显著提升。通过物联网技术，零售商可以实现智能物流、实时追踪等功能，有效提高物流效率和准确性。这种智能物流不仅提供了货物追踪的强大能力，还能够在突发状况下快速做出应对，如货物的延误或丢失。此外，物联网技术为产品的生产和质量控制提供了强有力的支持。零售商可以通过物联网技术对产品的生产过程进行实时监控和质量控制，确保产品的品质和安全。这种技术的应用有助于提高产品的质量和可靠性，为零售商赢得消费者的信任度和忠诚度。物联网技术还具有强大的溯源功能，能够帮助消费者全面了解产品的真实情况。通过物联网技术，消费者可以追踪产品的生产、运输、销售等全过程，从而做出更明智的购买决策。这种溯源功能提高了消费者的购买信心，进一步提升了零售商的品牌形象。

云计算技术为数据存储和分析提供了极大的便利。海量的销售数据和消费者行为数据可以存储在云端，随时随地被访问和处理，为零售商提供了更高效、更灵活的数据分析能力。这些数据可以帮助零售商深入了解消费者的购买偏好和市场趋势，以便更好地调整经营策略和营销手段。

综上所述，物联网和云计算技术的发展为零售业带来了诸多优势。物联网技术提高了物流效率和准确性，生产监控和质量保证强化了产品的品质和可靠性，溯源功能增强了消费者的购买信心，而云计算技术则助力零售商更好地分析和利用数据，以实现更精准的营销和更高效的运营管理。在未来的零售业中，这些技术的进一步应用和发展将为整个行业带来更大的提升和变革。

3. 新兴技术的不断涌现

科技的飞速发展为零售业带来了许多新兴技术，这些技术的广泛应用正在深刻改变零售业的运营模式和消费体验。

区块链技术以其独特的安全性和透明性，为零售业提供了更可靠的交易环境。通过应用区块链技术，交易记录被加密并分散存储在网络的各个节点上，使得数据难以被篡改和伪造，从而确保了交易的真实性和安全性。这种技术为消费者提供了更放心的购物体验，同时也有助于降低交易成本和风险，提高零售商的盈利能力。

虚拟现实（VR）和增强现实（AR）技术的出现，为消费者带来了更加沉浸式的购物体验。通过这些技术，消费者可以在购物前预览产品的外观、尺寸和质量等，甚至可以模拟使用产品的场景，从而更好地了解产品的实际情况。这种体验增强了消费者的购买信心和满意度，促进了零售商的销售增长。

这些新兴技术的应用不仅带来了创新和个性化的消费体验，也为零售商带来了更多的商业机会。例如，通过应用虚拟现实（VR）技术，零售商可以提供虚拟试衣间服务，让消费者在家中就能体验到不同的搭配效果。这种服务不仅可以提高消费者的购物体验，还能帮助零售商更好地了解消费者的需求和偏好，从而制定更加精准的市场策略。

此外，新兴技术还为零售商提供了更多的营销手段和渠道。例如，通过社交媒体平台和短视频平台等新兴渠道，零售商可以与消费者进行更紧密的互动，推广品牌和产品。这种营销方式能够提高品牌知名度和曝光率，吸引更多的消费者关注和购买。同时，新兴技术还可以帮助零售商拓展线上销售渠道，如通过建立电商平台或微信小程序等途径来扩大销售范围和提高销售额。

在库存管理和物流配送方面，新兴技术也发挥了重要作用。通过应用物联网技术和大数据分析，零售商可以对库存进行实时监控和管理，确保库存的充足和优化。同时，基于人工智能的物流配送系统可以实现智能调度和优化配送路线等功能，提高物流效率和准确性。这些技术的应用有助于降低库存成本和物流成本，提高零售商的盈利能力和市场竞争力。

综上所述，科技的飞速发展为零售业带来了许多新兴技术，这些技术的应用正在深刻改变零售业的运营模式。通过应用区块链技术提供更安全的交易环境、应用 VR 技术和 AR 技术提供沉浸式的购物体验、应用新兴渠道进行更精准的市场营销，应用物联网和人工智能技术优化库存管理和物流配送等，零售商可以不断创新并提升消费体验，从而在激烈的市场竞争中获得更大的优势。

4. 数据驱动的决策

在数字经济时代，数据已经成为企业决策的重要依据。数据分析和挖掘对于零售商来说至关重要，它们可以帮助零售商深入了解消费者的购物行为、偏好和需求，从而制定更加精准的市场策略和营销方案。

通过数据驱动的决策，零售商可以更好地了解市场趋势和消费者需求变化，从而及时调整产品策略和营销策略。数据不仅可以显示消费者的购买历史和偏好，还可以揭示市场上的热门产品和发展趋势。这样，零售商就可以根据数据来选择最受欢迎的产品，制订有针对性的营销方案，以满足消费者的需求并提高销售额。

数据还可以帮助零售商优化库存管理、提高运营效率、降低成本等。例如，通过分析销售数据和消费者行为，零售商可以更准确地预测未来的销售趋势，从而制订合理的采购计划和库存策略。这不仅可以避免库存积压和浪费，还可以确保产品供应充足且降低库存成本。

同时，数据还可以帮助零售商更好地掌握市场趋势和竞争对手的情况。通过对市场数据的分析和挖掘，零售商可以了解当前市场的发展趋势和未来的市场潜力。这样，零售商就可以制定出更加有效的产品策略和营销方案，以适应市场变化并满足消费者的需求。

通过对竞争对手的销售数据和市场反馈进行分析，零售商可以了解竞争对手的优势和劣势。这有助于零售商制定出更加有针对性的竞争策略，提高自身的市场竞争力。例如，零售商可以发现竞争对手在哪些产品或服务方面表现较好，哪些方面需要改进，从而在自己的业务中做出相应的调整。

综上所述，在数字经济时代，数据已经成为零售业的重要资源。通过数据分析和挖掘，零售商可以深入了解市场趋势、消费者需求以及竞争对手的情况，从而做出更加精准的决策。这种数据驱动的决策可以帮助零售商在激烈的市场竞争中保持领先地位并取得更好的业绩表现。

5. 运营模式的创新

随着数字经济的迅速发展，零售业的运营模式正在不断创新，以更好地适应消费者需求和市场变化。传统的实体零售店在空间、时间和货品种类等方面都存在诸多限制，而数字经济的兴起使得零售商可以借助互联网、移动支付、人工智能等技术手段，创新运营模式，提高运营效率。

首先，通过线上与线下的融合实现O2O模式，为消费者提供更加便捷的购物体验。O2O（Online to Offline）模式，即线上到线下模式，是指将线上的消费者带到现实的商店中去，在线支付线下商品或服务，再到线下去享受服务。它通过打折、提供信息、服务等方式，把线下商店的消息推送给互联网用户，从而将他们转换为自己的线下客户。这种模式最重要的特点是推广效果可查，每笔交易可跟踪。这种模式将线上和线下的销售渠道相结合，让消费者可以在实体店内体验产品，并通过扫描二维码等方式进行在线购买，或者在电商平台下单后到实体店提取产品。这种模式不仅可以满足消费者的个性化需求，提高消费者购物体验和忠诚度，还可以帮助零售商更好地了解消费者的购买行为和偏好，从而制定更加精准的市场策略。

其次，通过智能化的库存管理系统实现库存的动态调整和优化，提高库存周转率。这种系统可以通过实时监测销售数据和库存情况，自动调整库存量，确保产品充足且不过多积压。这种动态调整库存的方式不仅可以减少库存成本和风险，还可以提高库存周转率，为零售商带来更多的商业机会。

最后，通过平台化运营整合产业链上下游资源实现资源的共享和价值的最大化。这种模式可以整合产业链上的各个环节，实现资源共享和优势互补。例如，零售商可以与供应商、物流企业等合作，共同打造一个平台，共享资源、降低成本、提高效率。这种平台化运营不仅可以为消费者提供更加丰富的产品和服务选择，满足消费者的多样化需求，还可以帮助零售商更好地把握市场趋势和发展趋势，从而更好地应对市场变化和竞争压力。

除上述运营模式的创新外，零售商还可以通过提供更加便捷的支付方式、更加完善的售后服务以及更加个性化的产品推荐等优化消费者的购物体验。例如，引入移动支付、无人售货等技术手段，提高支付效率和安全性；提供快捷、贴心的售后服务，如退换货、维修等；通过大数据分析消费者行为和喜好，为消费者推荐更加个性化的产品和服务。这些创新模式可以帮助零售商更好地满足消费者的需求和提高市场竞争力，进而在激烈的市场竞争中获得更多的商业机会。

总之，随着数字经济的快速发展，零售业的运营模式不断创新以适应消费者需求和市场变化。通过线上与线下的融合、智能化的库存管理以及平台化运营等创新模式，零售商可以更好地提高运营效率、优化消费者购物体验并把握市场趋势和发展趋势，从而应对市场变化和竞争压力获得更多的商业机会并实现可持续发展。

6. 跨行业合作与融合

数字经济使得不同行业之间的界限变得模糊，跨行业合作与融合成为零售业发展的新趋势。例如，零售业可以与互联网科技企业合作，引入人工智能、大数据等技术手段，提升运营效率和用户体验，也可以与金融企业合作推出消费金融产品，满足消费者不同的支付需求，还可以与物流企业合作，优化物流配送网络，提高配送效率和服务质量。跨行业合作与融合可以为零售业带来更多的商业机会和竞争优势。这种合作模式可以实现资源共享、优势互补，提高整个行业的效率和竞争力。同时，不同行业的思维方式和专业知识也可以相互启发，推动整个行业的发展和创新。此外，跨行业合作还可以带来更多的创新产品和服务的组合，为消费者提供更加丰富的选择，满足消费者的多样化需求。

第一，与互联网科技企业的合作。零售业可以通过与互联网科技企业的合作，引入人工智能、大数据等技术手段，提升运营效率和用户体验。这种合作模式可以帮助零售商更好地了解消费者需求和行为，从而提供更加个性化、精准化的服务。同时，互联网科技企业也可以借助零售商的资源和渠道，拓展自身的业务范围和市场影响力。例如，一些零售商通过引入智能化的库存管理系统，实现库存的动态调整和优化，提高库存周转率。

第二，与金融企业的合作。零售业可以与金融企业合作推出消费金融产品，满足消费者不同的支付需求。这种合作模式可以为零售商带来更多的商业机会和竞争优势，如扩大市场份额、提高销售额等。同时，金融企业也可以通过与零售商的合作，拓展自身的业务范围和市场影响力。例如，一些零售商与银行合作推出联名信用卡，为消费者提供更加便捷、安全的支付方式。同时，银行也可以通过与零售商的合作，拓展自身的业务范围和市场影响力。

第三，与物流企业的合作。零售业可以与物流企业合作优化物流配送网络，提高配送效率和服务质量。这种合作模式可以帮助零售商更好地满足消费者的配送需求，提高客户的满意度和忠诚度。同时，物流企业也可以通过与零售商的合作，拓展自身的业务范围和市场影响力。例如，一些零售商与快递公司合作推出当日达或次日达服务，为消费者提供更加快捷、高效的配送服务。同时，快递公司也可以通过与零售商的合作，拓展自身的业务范围和市场影响力。

第四，创新产品和服务的组合。跨行业合作可以带来更多的创新产品和服务的组合，为消费者提供更加丰富的选择，满足消费者的多样化需求。这种合作模式可以实现资源共享、优势互补，提高整个行业的效率和竞争力。例如，零售商可以与文化创意产业合作推出限量版产品。通过引入文化创意元素，以吸引消费者的关注和购买。这种合作模式可以帮助零售商更好地掌握市场趋势和发展趋势，在更好地应对市场变化和竞争压力的同时，也促进了不同行业之间的交流与学习推动整个行业的发展。此外，跨行业合作还可以带来更多的创新产品和服务的组合，为消费者提供更加丰富的选择，满足消费者的多样化需求。

（四）零售业供应链的数字化升级

1. 数字化采购的实践与影响

数字化采购是指利用大数据、云计算、人工智能、物联网及区块链等数字技术，将业务与外部和内部利益相关者联系起来，实现采购流程的自动化管理和云端协同，消息更灵通，决策更具战略性。数字化采购能够提高采购效率和质量，优化供应链管理，降低采购成本和风险。数字化采购还可以促进企业的信息化建设，推动企业的数字化转型。

数字化采购不仅是一种技术革新，更是企业供应链管理的重要一环。通过互联网技术，企业可以快速、准确地获取供应商信息，比较价格和质量，从而选择最合适的供应商。这不仅能够提高采购效率，还可以实现采购过程的可追溯，提高产品质量和安全水平。

数字化采购包括在线招标、在线询价、在线谈判等环节。通过这些环节，企业可以实现与供应商的快速对接，减少中间环节，降低采购成本。同时，数字化采购还可以实现采购过程的透明化，让企业更好地了解供应商的情况，减少腐败现象的发生。此外，数字化采购还可以帮助企业实现与供应商的紧密合作，形成战略伙伴关系，共同应对市场变化。

数字化采购的影响是深远的，不仅可以提高企业的采购效率和质量，还可以优化企业的供应链管理。通过数字化采购，企业可以实现与供应商的紧密合作，形成战略伙伴关系，共同应对市场变化。此外，数字化采购还可以促进企业的信息化建设，推动企业的数字化转型。

例如，某大型零售企业采用泛微数字化采购应用，实现了对组织日常物资用品的动态管理。从采购到领用、出库，每一次状态变化都在系统中实时更改。同时，该企业通过集中采购办公自动化系统打造了企业集中采购平台，整合企业业务资源，围绕采购业务，用流程串联数据，搭建了一个集"基础数据、计划管理、审批评估、询报价管理、合同管理、订单管理"于一体的电子化采购管理平台。在这个平台上，该企业可以实现对不同供应商的统一管理，简化采购流程并提高效率。该平台还可以记录供应商的历史交易数据和绩效评估信息，帮助企业进行更全面的供应商分析和选择。通过数字化采购的应用，该企业实现了对日常物资用品的全过程管理，提高了采购过程的透明度和可追溯性。这不仅降低了企业的采购成本和风险，还提高了企业的供应链管理和运营效率。此外，该企业的数字化采购平台还支持多种支付方式，包括在线支付和移动支付等。这不仅方便了企业的财务管理和支付操作，还提高了支付的安全性和准确性。同时，该平台还支持了多种数据分析和报表功能，能够帮助企业更好地了解采购业务和供应商情况，为企业的决策提供了更准确的数据支持。

总之，数字化采购是企业供应链管理的重要一环。通过应用互联网技术和数字化工具，企业可以实现与供应商的快速对接和紧密合作，实现采购过程的透明化和可追溯性，提高采购效率和产品质量，优化供应链管理和降低成本等，推动企业的数字化转型和发展。

2. 数字化库存管理的实施与效果

数字化库存管理是利用物联网、大数据等技术，实现库存的实时监控和动态调整。通过数字化库存管理，企业可以及时了解库存情况，掌握库存动态变化，从而避免库存积压和缺货现象的发生。这不仅能够提高库存周转率，还可以降低库存成本，提高企业的整体运营效率。数字化库存管理的实施包括建立数字化仓库、引入自动化设备、实施实时监控等环节。通过这些环节，企业可以实现库存管理的智能化和自动化，提高库存管理的效率和准确性。同时，数字化库存管理还可以实现库存预测和智能补货，提前预警和应对市场变化。数字化库存管理的效果是显著的，不仅可以提高企业的库存管理效率和质量，还可以优化企业的整体运营。通过数字化库存管理，企业可以实现与供应商和客户的实时对接，形成紧密的供应链体系，共同应对市场变化。

数字化库存管理系统可以通过以下方式提高企业的运营效率：第一，实时监控和动态调整库存。数字化库存管理系统可以实时监控库存情况，及时反馈库存数据，使企业能够快速了解库存状况，并根据销售数据和库存情况自动调整库存数量。这有助于避免库存积压和缺货现象的发生，提高库存周转率和销售效率。第二，精细化管理库存。数字化库存管理系统可以对仓库进行精细化管理，包括对货物进行分类、编码、上架、下架、移动等操作。这有助于企业更好地管理库存，提高库存的利用率和减少库存成本。第三，优化仓库布局和作业流程。数字化库存管理系统可以通过对仓库布局和作业流程进行优化，提高仓库的利用率和作业效率。例如，通过对货位的合理分配和利用，可以减少搬运距离和时间，提高作业效率。第四，自动化和智能化管理。数字化库存管理系统可以实现自动化和智能化管理，如通过自动化设备进行货物入库、出库、移库等操作，可以减少人工干预和错误率，提高作业效率和准确性。第五，数据分析和预测。数字化库存管理系统可以通过对历史销售数据和库存数据进行深入分析，预测未来的销售趋势和库存需求，为企业制定更加精准的运营策略提供支持。

3. 数字化物流配送的运用与优势

数字化物流配送是利用互联网、物联网等技术，实现物流配送的智能化和自动化的重要手段。通过数字化物流配送，企业可以更好地管理物流过程，提高物流效率，减少配送时间，从而更好地满足客户需求。

数字化物流配送包括智能调度、自动化分拣、实时跟踪等环节。在智能调度方面，数字化物流配送利用大数据和算法技术，对运输需求进行预测和规划，优化运输路径和车辆调度，减少运输时间和成本。在自动化分拣方面，企业采用自动化设备和技术，快速、准确地将货物分拣和打包，提高物流效率和准确性。在实时跟踪方面，数字化物流配送利用物联网技术和 GPS 定位系统，实时监控货物的位置和运输状态，及时反馈运输信息，提高客户满意度和企业竞争力。

数字化物流配送的优势是明显的，不仅可以提高企业的物流配送效率和质量，还可以降低企业的运输成本和风险。通过数字化物流配送，企业可以实现与供应商和客户的紧密合作，形成战略伙伴关系，共同应对市场变化。此外，数字化物流配送还可以促进企业的信息化建设，推动企业的数字化转型。运用大数据分析技术对运输过程进行优化能够降低运输成本提高运输效率，如通过分析历史运输数据可以找出最优的运输路径，减少绕路和空驶等情况的发生。另外，数字化物流配送还可以运用人工智能技术对运输过程进行智能调度和优化，从而减少运输时间和成本，提高运输效率和质量。这些优势能够使企业在激烈的市场竞争中获得更多的商业机会和发展空间。

各大电商平台都在优化自身的数字化物流配送。例如，京东物流利用自身的大数据和算法优势，在仓储、运输、"最后一公里"配送等各个环节进行精细化管理，不断优化路径和运力，实现高效配送。京东物流还采用了智能仓储技术，通过仓储机器人等自动化设备实现货物的快速分拣和打包，提高了物流效率和准确性。菜鸟网络利用互联网技术，提供物流云仓和物流云服务，帮助商户实现订单管理、仓储管理、运输管理、骑手配送等全流程服务。其飞猪等同城配送服务利用平台收集大量信息，实现配送路径优化和配送效率最大化。顺丰速运凭借自身的运力优势，与阿里巴巴等电商平台合作，利用数据分析能力进行路径规划、运力调度，不断优化自身运营，提供更加高效的服务。

在实践中，企业可以通过多种方式实现数字化物流配送。例如，采用自动化分拣系统可以提高分拣速度和准确度；利用物联网技术和 GPS 定位系统可以实时监控货物位置和运输状态；通过大数据分析技术可以对运输过程进行优化，减少绕路和空驶等情况；运用人工智能技术可以对运输过程进行智能调度和优化，减少运输时间和成本。这些技术的应用可以帮助企业提高物流配送效率和质量，降低运输成本和风险，从而更好地满足客户需求。

（五）数字经济的可持续发展

1. 绿色环保的深远意义与实施策略

随着数字经济的快速发展，绿色环保已成为其重要特色之一。通过数字化技术的广泛应用，零售商可以显著减少对传统材料的消耗，如纸张、塑料等。这些材料的大量使用在很大程度上破坏了环境资源并影响了生态平衡。因此，减少这些材料的消耗有助于降低对自然环境的破坏。此外，零售商正积极采取环保措施，如使用环保包装和可再生能源等来降低环境污染和破坏程度。这些举措不仅有利于保护环境资源，也有利于为企业带来实际的环保效益。

政府在此过程中扮演着重要角色并应发挥关键作用。政府可以出台相关政策措施来鼓励和支持企业采取环保措施，如对采用环保包装和可再生能源的企业给予税收优惠或补贴等激励政策，从而推动更多企业加入环保行列。近些年，我国已出台多项政策，深化环境信息依法披露制度改革；加强生态环境保护法律宣传普及；强化生态环境行政执法与刑事司法衔接，联合开展专项行动。

在实践中，一些领先的零售商已经采取了上述措施来推动绿色发展。例如，某知名电商平台利用大数据技术对商品库存进行精细化管理，减少了库存积压和浪费现象。同时，该平台还采用了可回收材料制作包装，降低了塑料等不可再生资源的消耗。

总之，随着数字经济的快速发展，绿色环保已成为其不可或缺的特色之一。通过政府政策的引导和支持以及零售商的积极努力，共同推动绿色发展可以带来更多的商业机会并促进整个行业的可持续发展。同时，为了更好地实现绿色发展，还需要不断优化购物流程、提高配送效率并加强售后服务以提升消费者的购物体验和生活品质。这些举措的实施将为消费者提供更加安全、便捷的购物环境并促进绿色经济的发展，也能够为整个行业的繁荣与进步做出积极的贡献。

2. 消费者权益保护的重要性与实施途径

在数字经济时代，消费者权益保护的重要性日益凸显。随着互联网的快速发展和广泛应用，消费者在数字经济中的地位不断提高。因此，保护消费者权益已成为一项关键任务。

政府需要加大对电商平台的监管力度，确保其遵守相关法规。这包括对电商平台上销售的商品进行质量抽查，以保障消费者的购物安全。同时，政府还需要建立完善的消费者权益保护机制和维权渠道，为消费者提供有效的法律保障和维权支持。现有的法规体系长期服务于实体经济，而电商行业发展较快，法律体系也应根据具体的发展情况进行调整，才能更好地服务于行业的新发展。只有完善的法律体系，才能为消费者的权益保护提供坚实的后盾。

零售商需要将消费者体验和服务质量放在重要位置。零售商需要不断提高产品的质量和服务水平，以满足消费者的需求和期望。同时，零售商还需要优化购物流程、提高配送效率等，为消费者提供更加便捷的购物体验。这些举措的实施有助于提高消费者的满意度和忠诚度，进而促进企业的可持续发展。为了更好地实现绿色发展，零售商还可以通过采用绿色物流配送体系来减少运输过程中对环境的影响并提高物流配送效率。另外，与政府、行业协会等合作共同制定和实施绿色物流配送标准也可以促进整个行业向绿色、可持续的方向发展。这些合作关系的建立与拓展可以带来更多的商业机会并促进整个行业的繁荣与进步。

行业协会和相关组织也可以发挥重要作用。行业协会和相关组织可以制定行业标准和规范，引导企业遵守相关法规和规定，共同维护消费者的权益。同时，行业协会和相关组织还可以为消费者提供更多的信息和咨询服务，帮助消费者更好地了解和使用数字经济产品和服务。

近些年，电商平台也在不断完善消费者权益保护机制，确保消费者在购物过程中能够享受到安全、便捷的购物体验。例如，电商平台对于预售问题的时限、退货的时间等都进行了修改，确保消费者的权益得到合理的保障。

总之，保护消费者权益是数字经济时代的核心任务之一。政府、零售商与行业协会和相关组织需要共同努力，为消费者提供更加安全便捷的购物环境和服务，以促进数字经济的可持续发展并实现绿色环保目标。

3. 社会责任与公共利益的平衡及其实现路径

在数字经济时代，零售业的发展不仅要关注自身的经济效益，还需要积极履行社会责任并关注公共利益。这是由于零售商在经济社会中扮演着重要的角色，他们不仅提供商品和服务，还承担着企业公民的责任。因此，零售商需要认识到他们在社会公益事业中扮演着重要的角色，通过参与社会公益事业如支持教育、环保和慈善事业等来回馈社会、造福人民。

为了实现社会责任与公共利益的平衡，零售商可以采取以下措施：第一，积极参与社会公益事业。零售商可以通过捐赠款物、支持教育事业、参与环保活动等方式积极参与社会公益事业，回馈社会、造福人民。例如，可以支持当地的学校建设、资助欠发达地区的孩子接受教育、参与环保行动等。第二，优化经营模式。零售商可以通过优化经营模式来提高企业的经济效益和社会效益。例如，通过开展绿色营销、环保宣传等方式来提高消费者的环保意识，促进绿色消费。此外，零售商还可以采取环保措施，如减少包装材料的使用、推广可再生能源等来降低对环境的污染和破坏。第三，推动可持续发展。零售商可以通过推动可持续发展来实现社会责任与公共利益的平衡。例如，采取环保措施、推广可再生能源等来降低对环境的污染和破坏，推动绿色经济的发展。此外，零售商还可以通过推广节能减排技术、使用可再生能源等措施来实现企业的可持续发展。第四，加强企业治理。零售商需要加强企业治理，建立健全的内部管理体系和监督机制，确保企业的经营行为符合法律法规和社会道德规范。此外，零售商还需要关注员工福利、保障员工权益等，以实现企业的可持续发展和社会和谐发展。

政府需要采取以下措施来鼓励和支持企业履行社会责任：第一，制定相关政策法规。政府可以制定相关政策法规来鼓励和支持企业履行社会责任，推动企业的可持续发展。例如，可以出台税收优惠政策、提供财政补贴等方式来激励企业参与社会公益事业。第二，提供财政支持。政府可以通过提供财政支持来鼓励企业履行社会责任，如给予税收优惠、提供补贴等方式来激励企业参与社会公益事业。此外，政府还可以通过提供贷款、担保等方式来支持企业履行社会责任和实现可持续发展。第三，加大监管力度。政府需要加大对企业的监管力度，确保企业履行社会责任和关注公共利益，防止企业违法违规行为的发生。例如，政府可以加强对企业履行社会责任的监督检查力度、对违法违规行为进行处罚等方式来保障公共利益的实现。第四，提供培训和指导。政府可以提供培训和指导来帮助企业履行社会责任和提高管理水平，促进企业的可持续发展和社会和谐发展。例如，政府可以组织培训课程、提供相关资料和指导手册等方式来帮助企业更好地履行社会责任和管理企业事务。

在数字经济时代，零售商需要积极履行社会责任和关注公共利益，通过参与社会公益事业、优化经营模式、推动可持续发展等方式来实现社会责任与公共利益的平衡。政府需要鼓励和支持企业履行社会责任，通过制定政策法规、提供财政支持、加大监管力度等方式来推动社会的和谐发展。只有这样，才能够实现企业和社会的共赢发展。

综上所述，数字经济对零售业发展的影响机制是多方面的，包括消费者行为的改变、市场环境的改变和技术进步的推动等。在数字经济时代，消费者的购物行为和需求发生了显著变化，他们更加注重便捷、个性化和环保等方面的需求。同时，市场环境也发生了深刻变化，数字经济成为推动经济增长的重要力量，电商、移动支付等新模式不断涌现，为零售业带来了新的机遇和挑战。此外，技术进步也为零售业的发展提供了强有力的支持，如大数据、人工智能、物联网等技术的应用使得零售商能够更好地了解消费者需求、优化供应链管理、提高运营效率等。在数字经济时代，零售商需要适应市场环境的变化，积极引入新技术和新模式，不断创新和优化经营和服务模式，才能在激烈的市场竞争中获得优势并实现持续发展。

第三章 数字经济与零售业发展水平测度分析

第一节 数字经济发展现状与测度分析

一、数字经济发展现状[①]

2022 年，全球格局经历了显著的变革，我国经济发展面临着诸多挑战，经济压力明显增大。然而，在这一背景下，我国的数字经济发展依然展现出了旺盛的生命力和快速发展态势，数字经济展现出强大的韧性，且发展速度迅猛。主要体现在以下几个方面：

（一）数字经济成为国民经济增长的重要驱动器

1. 数字经济整体呈现稳步增长的态势

第一，从总量上来看，2022 年，面对着经济下行的压力，政府、企业纷纷将数字经济作为培育经济增长的新动能，数字经济保持稳步的增长。2022年，我国数字经济规模首次突破 50 万亿元，达到 50.2 万亿元。2017～2022年，我国数字经济的规模呈现出稳步增长、持续扩大的态势（见图 3-1）。

---

① 中国信息通信研究院《2023 中国数字经济发展报告》。

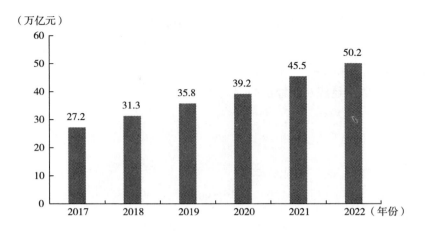

图 3-1 2017~2022 年我国数字经济规模

资料来源：中国信息通信研究院。

第二，从数字经济占 GDP 的比重来看，2017~2022 年，数字经济占 GDP 的比重逐年提高，2022 年超过了 40%，达到了 41.5%（见图 3-2）。2022 年，第二产业占 GDP 的比重为 39.9%，两者比重基本相同，这也体现出数字经济在国民经济中的重要性。

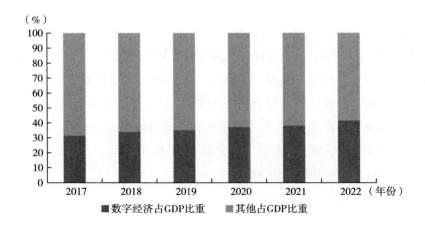

图 3-2 2017~2022 年数字经济占 GDP 比重

资料来源：中国信息通信研究院。

第三，数字经济增速持续保持高位。2022 年，我国 GDP 同比名义增长 5.3%。同年，我国数字经济同比名义增长 10.3%，数字经济维持高位运行（见图 3-3）。2012~2022 年，我国数字经济的增速已经连续 11 年显著高于 GDP 增速，数字经济对于经济的促进作用越发显著。

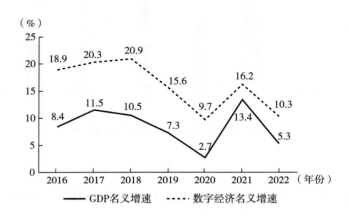

图 3-3　2016~2022 年我国数字经济名义增速与 GDP 名义增速对比

资料来源：中国信息通信研究院。

2. 产业数字化占数字经济比重在 82% 左右波动

2022 年，我国数字产业化规模达到 9.2 万亿元，同比名义增长 10.3%，占 GDP 比重为 7.6%，占数字经济比重为 18.3%。数字产业化向强基础、重创新、筑优势方向转变。同时，互联网、大数据、人工智能等数字技术更加突出赋能作用，与实体经济融合得更为紧密。与此同时，产业数字化的发展更加丰富与深入，产业数字化对于数字经济的赋能作用越发凸显。2022 年，产业数字化规模为 41 万亿元，同比名义增长 10.3%，占 GDP 的比重为 33.9%，占数字经济的比重为 81.7%（见图 3-4）。

3. 数字经济全要素生产率稳步提升

全要素生产率是衡量生产效率的重要指标，它反映的是技术进步、配置效率、规模经济、范围经济等因素带来的产出增长部分。在计算上，全要素生产率的增长率是除去劳动、资本、土地等要素贡献之后的"余值"。2012~

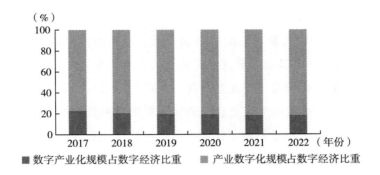

图 3-4 2017~2022 年我国数字产业化规模与产业数字化规模占数字经济比重

资料来源：中国信息通信研究院。

2022 年，我国数字经济的生产效率得到了持续提升，成为整体经济效率改善的重要推动力。总体来看，我国数字经济全要素生产率从 2012 年的 1.66 上升至 2022 年的 1.75，提升了 0.09；同时，国民经济全要素生产率由 1.29 提升至 1.35，仅提升了 0.06。这表明数字经济全要素生产率对国民经济生产效率起到了重要的支撑和拉动作用。

从各产业来看，第一产业数字经济全要素生产率平稳发展，由 2012 年的 1.03 上升至 2022 年的 1.04，提升幅度较小。第二产业数字经济全要素生产率整体呈现先升后降态势，由 2012 年的 1.65 上升至 2018 年的 1.69，随后持续下降至 2022 年的 1.54。第三产业数字经济全要素生产率则快速提升，由 2012 年的 1.70 上升至 2022 年的 1.90，提升幅度最大。这在一定程度上有助于缓解我国服务业"鲍莫尔成本病"问题。

（二）数字产业化占 GDP 比重不断增加

2022 年，数字产业总体保持平衡增长，内部结构趋于稳定。从规模上来看，2022 年，数字产业化增加值规模达 9.2 万亿元，增长了 10.3%，已连续两年增速保持在 10% 以上；数字产业化占 GDP 比重为 7.6%，较上年提升 0.3 个百分点达到 2018 年以来的最大增幅。从结构上看，数字产业结构趋于平稳，服务部分在其中占主要地位。软件产业占比持续提升，互联网行业占比明显下降，服务部分的总体占比小幅度提升 0.3 个百分点。

在数字产业化内部细分行业来看，电信业平稳向好，新业务增势突出。2022 年，电信业务收入累计完成 1.58 万亿元，同比增长 8%。

（三）服务业和工业数字化发展促进质的有效提升

三次产业数字化转型提速发展。新一轮科技革命与产业变革的浪潮，同我国经济快速发展形成历史性交会，为我国加快发展数字经济提供了重大机遇。2022 年，我国各行业对数字化转型重要性的认识更加深入，我国迈入转型发展的深水区。

1. 工业数字化转型多维度探索成效显现

第一，工业互联网的发展进入全新阶段。工业互联网已经在原材料、消费品、装备等 31 个工业门类广泛部署，覆盖至 45 个国民经济大类，形成研发、生产、制造、销售、管理等全产业链的数字化支撑服务能力。据中国信通院监测，国内目前有影响力的工业互联网平台数量已达到 240 余个，其中跨行业跨领域平台达到 28 个，这些平台通过数据互通和资源协同，加速了企业的数字化转型。可见，工业互联网已经成为推动我国数字化转型的重要力量，为企业提供了更全面、更便捷的服务，进一步推动了我国数字化经济的发展。

第二，"5G+工业互联网"发展进入快车道。2022 年是"5G+工业互联网"512 工程收官之年，自实施"5G+工业互联网"512 工程以来，我国"5G+工业互联网"发展迅速，逐渐迈向深耕细作、规模化发展的关键阶段。通过持续的技术创新和产业突破，我国在"5G+工业互联网"领域取得了显著成果。

在技术创新方面，我国在全球范围内保持领先地位，"5G+工业互联网"主要专利数占全球的 40%。边缘计算、5G TSN、5G LAN、5G NPN 等关键技术成为专利布局热点。5G 芯片模组的价格也实现了大幅降低，三年平均降价 40% 左右，实现了"价格"突破。5G CPE 等数据终端和 5G 工业融合终端不断涌现，模组终端供应商数量处于全球前列。轻量化 5GC 产品等新型网络产品不断探索，三大主流组网模式基本成熟，5G TSN、确定性网络加速试验，网络部署实现"形态"突破。

在产业应用方面，我国已打造 5 个产业公共服务平台，在汽车、采矿等十余个重点行业建设了4000多个项目。全国"5G+工业互联网"项目已覆盖41个国民经济大类，协同研发设计、远程设备操控等20个典型应用场景加速普及。"5G全连接工厂"种子项目中，工业设备5G连接率超过60%的项目占比超过一半，5G技术与工业融合的广度和深度不断拓展。

通过持续的技术创新和应用拓展，我国"5G+工业互联网"发展进入快车道，为制造业转型升级和高质量发展提供了强有力的支持。这一发展不仅将推动我国工业经济的复苏和增长，也将为全球经济发展注入新的动力和活力。

第三，智能制造推动中国制造高质量发展。2015年以来，我国智能制造工程得到了深入开展，取得了显著的成果。为了更好地推进智能制造工程，我国政府和企业界积极推动标准化工作，发布了《国家智能制造标准体系建设指南》，并实施了一系列智能制造试点示范项目和新模式应用项目。据统计，我国已经实施了305个智能制造试点示范项目和420个新模式应用项目，这些项目的实施极大地推动了我国制造业的数字化转型。同时，我国还建成了700余个智能工厂、数字化车间，这些智能化生产车间通过运用机器视觉、大数据分析等新技术，实现了生产过程的自动化、智能化和可视化。此外，我国培育了超过6000家的智能制造系统解决方案供应商，这些企业通过提供专业的解决方案，帮助制造业企业实现数字化转型。这些企业的快速发展为我国智能制造工程的深入开展提供了强有力的支撑。

在数字化新技术、新产品、新产业方面，我国也取得了快速发展。工业机器人的市场销量保持快速增长，2022年上半年总销量达到了13.1万台，同比增速继续快速增长。数字化新模式、新业态加速渗透，截至2022年第二季度，我国实现网络化协同、服务型制造、个性化定制的企业比例分别达到了39.5%、30.1%、10.8%。这些新模式、新业态的快速发展为我国制造业的高质量发展提供了新的动力。

总之，我国智能制造工程的深入开展以及数字化新技术、新产品、新产业的快速发展共同推动了中国制造的高质量发展。未来，我们应继续加强政策引导和企业支持，推动制造业企业加快数字化转型，实现制造业的高质量发展。

2. 服务业数字化向长尾市场寻求新突破

第一，电子商务在东北和中部地区渗透明显加快。近年来，随着互联网的广泛普及和电子商务的蓬勃发展，中国电子商务市场持续扩大，规模不断壮大。国家统计局数据显示，2022 年，我国电子商务交易额达到 43.8 万亿元，同比增长 3.5%，显示出中国电子商务市场的强劲增长势头。商务部数据显示，全国网上零售额达到 13.79 万亿元，同比增长 4%。其中，实物商品网上零售额达到 11.96 万亿元，同比增长 6.2%，占社会消费品零售总额的比重为 27.2%。这一比例逐年增长，表明电子商务在中国社会消费领域中的影响力不断增强。

值得注意的是，东北和中部地区在电子商务领域的渗透明显加快。东北地区的网络零售增速高达 13.2%，比全国平均水平高出 9.2 个百分点；中部地区的网络零售增速为 8.7%，比全国平均水平高出 4.7 个百分点。这一现象表明，电子商务在中国的地域发展正在呈现出多样化的趋势，不再局限于东部发达地区。东部和西部地区的网络零售额同比分别增长了 3.8% 和 3%，略低于全国平均水平。

电子商务在中国呈现出快速发展和广泛渗透的趋势，尤其是在东北和中部地区。这一现象表明，电子商务已经成为推动中国经济增长的重要力量之一。它不仅改变了消费者的购物习惯，推动了消费升级，也为中小企业提供了新的发展机遇。电子商务在保障居民生活需求和推动经济发展方面发挥了重要作用。

然而，电子商务的发展也面临着一些问题。例如，如何保障消费者权益、提高物流配送效率、规范市场秩序等。为了解决这些问题，政府和企业需要进一步加强合作，推动电子商务的可持续发展。同时，还需要加强对电子商务的监管力度，保障市场的公平竞争和消费者的合法权益。

中国电子商务市场呈现出蓬勃发展的趋势，对经济增长和社会消费的影响力不断增强。未来，随着互联网技术的不断进步和消费者需求的不断变化，电子商务在中国的发展将会更加多元化和个性化。同时，政府和企业也需要不断探索和创新，以更好地应对电子商务发展所面临的挑战和机遇。

第二，即时零售进一步挖掘现有电商市场潜力。随着新型商业模式基础设施的快速完善，城市配送服务网络和线下商品供应网的逐渐健全，实体商超、便利店、连锁、品牌门店等多种零售业态正依托网络和数字平台，为消费者提供 1 小时甚至 30 分钟内快速送达服务。这种新型零售业态，称为即时零售。即时零售以 5 千米即时零售消费圈为核心，以电商消费为补充，通过拓展和连接实体商户、仓储等本地零售供给，满足消费者的即时需求。这种模式极大地扩大了优质供给，激发了本地消费活力，正逐渐成为零售模式创新的新风口，推动我国零售市场向提升消费体验的方向演进。

近年来，我国即时零售渗透的行业和品类持续扩大，覆盖更多应用场景。即时零售市场呈现出一线、新一线城市持续领跑，二线、三线城市销量增长强劲的新趋势，正在成为网上零售市场的下一个风口。这一现象表明，即时零售已经成为中国零售业发展的新趋势，具有广阔的市场前景和发展潜力。

据统计，2021 年，超过 80% 的超市企业线上销售占比稳步提升，其中包括高鑫零售、永辉、天虹、中百等知名企业。根据美团的数据，2022 年 1~5 月，商超百货等各类实体零售门店的线上订单总量增长了 70%。据中国连锁经营协会的预测，至 2025 年，国内即时零售开放平台模式市场规模将达到 1.2 万亿元，年复合增长率保持在 50% 以上。即时零售市场的快速发展不仅推动了传统零售业的转型升级，也催生了一批新型的商业模式和业态。

即时零售正以其独特的优势和巨大的市场潜力，重新定义了电商市场的未来走向。它不仅改变了消费者的购物方式和习惯，也推动了传统零售业的数字化转型和创新发展。同时，政府和企业也需要加强合作和创新，以更好地适应市场变化和满足消费者需求。

第三，适老化改造推动网络支付向老年群体渗透。根据中国互联网络信息中心（CNNIC）的数据，截至 2022 年 12 月，我国网络支付用户规模已达到 9.11 亿，较 2021 年 12 月增长 781 万，占网民整体的 85.4%。这种增长的背后，是支付行业不断适应和满足不同年龄段用户的需求，尤其是老年群体的需求。

为了更好地服务于老年群体，许多支付机构开始了适老化改造工作。为老年人推出了专属 App 版本，通过提高安全性、增强新技术应用等方式，满足老年群体的支付服务需求。这种改造的目的，是让老年群体在使用网络支付时能够更加方便、安全、舒适。

根据中国人民银行发布的数据，2022 年，我国移动支付业务 1585.07 亿笔，同比增长 4.81%，金额为 499.62 万亿元，同比下降 5.19%。虽然金额有所下降，但移动支付在老年群体中的普及率却在持续上升。截至 2022 年 12 月，60 岁以上老年群体对网络支付的使用率已经达到了 70.7%，与整体网民的差距同比缩小 2.2 个百分点。

这一趋势的出现，得益于支付机构对适老化改造的重视和积极实践。支付机构不仅对现有的支付流程进行了优化，还通过引入新的技术手段，如人工智能、大数据等，为老年人提供了更加个性化的支付服务。这种服务的目标，不仅是满足老年人的基本支付需求，更是帮助他们更好地融入数字化时代，享受网络支付带来的便利。

总的来说，适老化改造已经成为推动网络支付向老年群体渗透的重要力量。随着这一工作的深入推进，我们有理由相信，未来会有更多的老年人能够享受到网络支付带来的便利，成为数字化生活的一部分。

3. 农业数字化生产经营持续取得新进展

随着科技的飞速进步，农业信息化建设已经在我国的农业现代化进程中取得了显著的成效。从中央到地方，各级、各地都在积极引导和推动数字乡村的建设，以实现农业现代化。在这个过程中，农业信息化投入和农业信息化服务水平得到了显著提升，农业数字化生产经营持续取得新进展。

数字技术的迅速发展，特别是大数据、人工智能、物联网等技术的广泛应用，加速了农业领域的数字化转型。农业生产的全流程，包括研发、生产、销售等环节，都在逐步实现数字化。这种全面的数字化转型，推动了农业现代化迈向新的阶段。

农业重大创新平台体系的建设也在不断完善，为农业科技创新提供了强有力的支撑。这些平台在高效育种、耕地保育、智能装备等领域发挥了重要的作用，为农业科技创新提供了研究和实践的平台。

数字技术在农业中的应用范围已经非常广泛，涵盖了智能化种植、养殖、农业机械的智能化管理以及农业大数据的应用。这些技术的应用，极大地提高了农业生产效率，同时也有利于提高农产品的品质和产量。通过引入智能化技术，农业生产得以实现更精细的管理和更有效的资源利用，为农业现代化和精准农业提供了重要支持。

此外，农产品销售也在经历着数字化转型。传统的农产品销售模式正在逐渐被电商平台和网络销售所取代。通过互联网平台和物流渠道，农产品的销售范围得以扩大，可以到达更广泛的市场。数字技术的应用有效对接了农产品供给与需求，为乡村振兴提供了新的动力。据统计，2022年我国农产品电商零售额达到5313.8亿元，同比增长9.2%，农业网络化水平持续提升。

总的来说，农业数字化正在推动生产经营的新变革。随着数字技术的不断应用和农业信息化的深入推进，未来农业数字化将会带来更加广泛而深刻的变革，推动农业现代化迈向更高水平。这不仅能够提高农业生产的效率和效益，也能够为农民带来更好的生活和发展机会，促进农村经济的持续繁荣。同时，农业数字化也能够为消费者提供更优质、更安全的农产品，满足人们对美好生活的追求。因此，我们应该继续深入推进农业数字化，以科技创新推动农业现代化的发展。

（四）数字化治理中发展能力与规范水平同步提升

我国数字化治理进程经历了三个阶段：数字化治理的初级阶段、数字化治理的发展阶段和数字化治理的高级阶段。在初级阶段，主要是在传统治理模式的基础上引入数字技术，通过数字化工具和手段来提高治理效率和质量。在发展阶段，开始对数字技术本身进行治理，通过制定和实施相关法规和政策来规范数字市场和数字行为。在高级阶段，开始对整个治理体系进行重构，通过数字化手段和智能化技术来实现治理体系的升级和优化。

1. 提升常态化监管水平成为监管主基调

2022年12月，中央经济工作会议明确提出要"大力发展数字经济，提升常态化监管水平，支持平台企业在引领发展、创造就业、国际竞争中大显身手"。这意味着，我们不仅要对数字经济进行监管，还要在规范市场行为的同时，支持数字经济的发展和创新。

国家市场监督管理总局提出要切实提升常态化监管水平，在数字经济等重点领域加强市场竞争状况评估，强化预防性监管，尤其是要综合运用行政指导、行政约谈、行政处罚等手段，帮助企业提高合规管理水平。这些措施不仅有助于规范数字市场行为，还有利于促进数字经济的发展和创新。

中国证监会明确表示要推动形成中美审计监管常态化合作机制，营造更加稳定、可预期的国际监管合作环境，推动企业境外上市制度改革落地实施，加快平台企业境外上市"绿灯"案例落地。这些措施有助于加强国际合作，促进数字经济的健康发展。

自 2023 年以来，数字经济治理相关制度规则进一步细化完善。《互联网信息服务深度合成管理规定》正式施行，划定深度合成服务的"底线"和"红线"，明确各类主体的信息安全义务。《个人信息出境标准合同办法》出台，我国数据跨境流动管理制度基本完善，要求基本明确。《禁止垄断协议规定》《禁止滥用市场支配地位行为规定》《经营者集中审查规定》等反垄断法配套规章正式发布，进一步夯实反垄断法律制度规则，有效回应数字时代的监管需求，对数字经济领域新型垄断行为的规制更加精准，市场主体的合规边界更加清晰。

数字化治理中发展能力与规范水平的同步提升是当前数字化时代的重要任务。通过加强监管、规范市场行为和支持数字经济的发展，我们可以推动数字化治理的健康发展，促进数字经济的繁荣和创新。

2. 数字政府建设进入体系化推进新阶段

2022 年，国务院印发了《关于加强数字政府建设的指导意见》，明确了数字政府的体系框架，完善了数字政府的建设路径，健全了数字政府的推进机制。

我国数字政府建设在近年来取得了显著的进步，一体化政务服务能力全面提升。我国数字政府已进入以一体化政务服务为特征的整体服务阶段。"一网通办""一网统管""一网协同""最多跑一次""接诉即办"等创新实践不断涌现，这些创新实践不仅简化了政务服务流程，提高了服务效率，而且极大地提升了公众的满意度。

据统计，截至 2023 年 4 月，全国一体化在线政务服务平台已涵盖 46 个国务院部门的 1376 项政务服务事项，31 个省、区、市和新疆生产建设兵团的 549 万多政务服务事项，已汇聚 13.67 亿件政务服务。"一件事一次办"其中涉及 23 个个人事项和 11 个法人事项。这一系列令人瞩目的成就标志着我国数字政府建设已进入了一个全新的阶段，为实现更加高效、公正、透明的政务服务打下了坚实的基础。

3. 数字孪生助力城市治理的数字化发展

我国数字孪生城市已经从概念、框架走向落地深耕，正在引领一场城市治理的数字化革命。

数字孪生城市逐步进入落地建设深水区。随着国家和地方层面的相关政策文件陆续出台，数字孪生城市在全国范围内快速发展。数据显示，全国仅住房和城乡建设部公布的智慧城市试点数量已达 290 个，累计开工建设的抛下管廊项目超过 1600 个，长度超过 5900 千米。

数字孪生成为推动城市治理数字化转型关键动力。在政产学研用各方力量共同推进下，数字孪生技术助力打造智能化、数字化的城市运营空间，实现全域时空数据的融合与共享。数字孪生城市已经渗透到城市的各个领域，包括但不限于智能交通、能源管理、环境保护、公共安全和应急响应等。例如，在智能交通领域，数字孪生技术可以实时感知路况、车辆和行人等各种交通要素，为交通规划和管理提供精准的数据支持。在能源管理领域，数字孪生技术可以实现能源的精细化管理和智能化调度，提高能源利用效率。在环境保护领域，数字孪生技术可以模拟和预测环境变化趋势，为环境保护提供科学依据。

同时，数字孪生技术也在推动城市规划、建设和管理的数字化转型。通过构建数字孪生模型，可以对城市进行微观和宏观的模拟与预测，实现城市规划的科学化和精细化。在城市管理方面，数字孪生技术可以提高管理效率和服务质量，如通过智能化手段进行公共设施维护、城市安全监控等。此外，数字孪生还可以推动数字经济发展，通过数字化转型提升城市的吸引力和竞争力。

4. 数字乡村建设助推乡村治理效能提升

随着互联网技术的飞速发展和"互联网+政务服务"的深入推进，乡村数字化治理模式不断涌现，乡村治理效能显著提升。

首先，乡村"互联网+政务服务"覆盖范围持续扩大。全国一体化政务服务平台在农村的支撑能力和服务效能不断提升，为农民群众提供了更加便捷、高效的政务服务。截至 2022 年，全国已建设 355 个县级政务服务平台，国家电子政务外网实现县级行政区域 100%覆盖，乡镇覆盖率达 96.1%。通过政务服务"一网通办"，农民群众可以更加方便快捷地办理各项事务，大大提高了他们的满意度和获得感。

其次，乡村基层综合治理水平不断提高。通过深入实施"互联网+基层社会治理"行动，各地积极推进基层社会治理数据资源建设和开放共享，实现了行政村（社区）和网格数据综合采集、一次采集、多方利用。这一举措不仅提高了数据驱动公共服务和社会治理的水平，还为农民群众提供了更加精准、精细、及时的服务。同时，依法打击农村地区的电信网络诈骗和互联网金融诈骗等违法犯罪行为，重点打击涉及村镇银行、"三农"信贷以及P2P 网贷平台、非法网络支付等互联网金融犯罪，最大限度地保护了农村群众的财产安全，避免他们因金融诈骗而遭受损失。

最后，乡村智慧应急管理基础能力显著增强。农业重大自然灾害和动植物疫病防控能力建设不断加强，监测预警水平持续提升。气象信息预警和农情信息调度系统在应对 2021 年秋冬种期间洪涝灾害、2022 年长江流域气象干旱中发挥了重要作用。全国农作物重大病虫害数字化监测预警系统不断完善，对接省级平台 22 个、物联网设备 4000 多台，有效支持小麦条锈病、稻飞虱、草地贪夜蛾等重大病虫害的发现和防治工作。老少边及欠发达地区县级应急广播体系建设工程深入实施，重大自然灾害突发事件的应急响应效率显著提升。

数字乡村建设通过推动乡村治理的数字化转型，实现了乡村治理效能的质的飞跃。农民群众可以更加便捷地获取公共服务和社会治理支持，农村地区的金融安全得到了有效保障，农业重大自然灾害和动植物疫病的监测预警水平也得到了大幅提升。这些变革将进一步推动农业现代化和乡村振兴战略的实施，为全面建设社会主义现代化国家奠定坚实基础。

（五）数据基础制度和数据要素市场建设取得突破

1. 数据基础制度破解价值释放中的基础性问题

随着数字化时代的到来，数据已经成为新的生产要素，对于经济增长和社会发展具有重要意义。为了更好地发挥数据要素的作用，2022年12月，中共中央、国务院印发《关于构建数据基础制度更好发挥数据要素作用的意见》（以下简称《意见》），这是我国首部从生产要素高度部署数据要素价值释放的国家级专项政策文件，在数据要素价值释放中具有里程碑似的重大意义。

第一，破解数据资源化中的基础难题，释放数据要素基础价值。其一，破解数据供给制度障碍，助力解决数据不足难题。《意见》针对公共数据，明确授权运营，以解决可用数据不足的问题。我国虽然拥有丰富的数据资源，但真正开放、共享和使用的数据量较小。《意见》通过明确公共数据的授权运营，为解决这个问题提供了制度保障，并有望提高公共数据的供给和质量。针对企业数据，《意见》强化供给激励，探索国有企业数据授权运营新模式。这些制度设计将极大提升数据的供给，鼓励企业积极参与数据要素市场建设。通过供给激励措施，企业将更加愿意释放和共享自身拥有的数据资源，促进数据要素的流通和利用。其二，破解数据整合互通制度障碍，助力解决数据质量不高难题。在数据生产过程中，存在诸如数据质量不够、标准不一致、碎片化、分散化等问题。《意见》通过支持开展数据质量标准化体系建设，在数据采集汇聚、加工处理、共享利用等环节，推动企业依法依规承担相应责任，从而为解决以上问题提供了指导。这些措施将有助于提高数据的整体质量和一致性，促进数据要素市场的健康发展。其三，破解数据应用能力和意愿低的制度障碍，助力解决数据应用不强难题。当前我国的数据应用仍然是局部的、低水平的。《意见》提出依靠政府和市场联动，加快推进数据管理能力成熟度国家标准及数据要素管理规范贯彻执行工作。同时，《意见》明确把安全贯穿数据供给、流通、使用全过程，划定监管底线和红线。法律和监管边界的进一步清晰将有利于激发企业数据应用的积极性。通过这些措施的实施，有望提高我国数据应用的整体水平和发展速度。

第二，破解数据资产化中的基础难题，释放数据要素扩展价值。其一，明确数据产权制度创新的原则和机制，解决数据产权不明确难题。在目前数据权属界定还存在巨大争议的情况下，《意见》采取了一种相对稳健的做法，没有明确界定数据权属应归属于谁，而是明确了数据产权制度创新探索的重要原则和机制，如保障权益、合规使用，数据权利分离，以及分类分级授权的基本方法。这些数据权属原则和方法的明确有利于激发经济社会各主体的创新热情，在探索中推动合意的数据产权制度的形成和数据价值的释放。其二，创新数据（跨境）流通规则和市场体系，破解数据流通交易不足难题。当前我国数据要素市场的建设和运行存在较大困难，《意见》坚持问题导向，着力构建数据全流程合规与监管规则体系，推动构建规范高效的数据要素交易场所，培育数据要素流通和交易服务生态，推动数据安全合规跨境流通。这一系列措施将有助于打通数据流通的堵点，提高数据交易的效率，促进数据要素市场的健康发展。其三，探索数据收益形成和分配机制，助力破解数据分配不公激励不足难题。当前数据分配主要是通过"以数据交换服务"等事实上的分配机制为主，难以真正满足要素按贡献参与分配的基本分配原则和要求。《意见》明确提出要由市场评价贡献、按贡献决定报酬，按照"谁投入、谁贡献，谁受益"的原则，强调可以通过分红、提成等多种方式来实现收益共享。同时也要发挥政府在数据要素收益分配中的调节作用，确保收益分配的公平性和可持续性。这些措施将有利于激发经济社会各主体参与数据要素市场的积极性，推动数据价值的充分释放和合理分配。

第三，破解数据资本化中的基础难题，在更高水平上释放数据要素价值。我国已有大型企业展开数据资本化探索，现仍处于研究和探索的初期阶段，未来发展之路需更多实践探索。《意见》对此虽着力不多，但一些前瞻性的制度安排将为数据资本化的创新探索打下坚实的基础。如《意见》充分保护数据资本化市场参与者权利，明确数据处理者可依法依规许可他人使用数据或数据衍生产品。此外，《意见》为数据资本化创新提供沃土。突出建立健全鼓励创新、包容创新的容错纠错机制，鼓励有条件的地方和行业在制度建设、技术路线、发展模式等方面先行先试，为数据资本化尝试探索可复制、可推荐的经验做法打下政策基础。

2. 数据要素市场建设加速资源化、资产化探索

随着数字化时代的到来，数据要素市场建设正在不断加速，推动数据资源化和资产化的探索与实践日益重要。通过深化对数据全生命周期的管理，

数据的供给数量与质量得到显著提升，开辟了新的发展空间。

第一，数据资产化产业链逐步完善，供给数量和质量稳步提升。在数据资源化方面，数据采集由人工采集向自动采集进一步转化，数据采集的方式从传统采集向泛化采集转变，极大地提高了数据采集的效率。数据标注产业围绕北京、长三角、成渝地区向外扩散，已形成三大产业群，对周边地区产生技术外溢效应，有望引领未来发展的新潮流。根据德勤的研究预测，未来技术与功能迭代、场景拓展将进一步带动数据采集与标注的需求量几何级增长，到 2027 年复合年均增长率将达到 32%~37%。

数据分析阶段，自动化数据分析、多源数据融合、边缘计算成为趋势，推动数据分析与物联网的深度融合。IDC 预测全球边缘计算投资将达两位数增长，到 2027 年中国的边缘计算投资支出复合年均增长率将达到 19.7%。这预示着我们将迎来一个数据分析的新时代。

数据存储阶段，存储方式发生了颠覆性变化，从端点存储向边缘存储以及核心存储流动。云数据中心成为新的企业首选数据存储库。同时，在数据中心和公有云基础设施之外的分布式设备、服务器或网关中执行的数据和分析活动日益增加。Gartner 预测，到 2025 年，超过 50% 的企业关键数据将在数据中心或云以外的地点创建和处理。这一趋势将为数据存储市场带来巨大的机遇与挑战。

第二，数据资产化关键难点求突破交易市场互补共进。国家高度重视培育数据要素市场，中央层面多次提及要加快建立数据确权、定价、交易、流通标准和制度。数据确权是数据要素市场流通的前提，各地方与数据产权相关的制度聚焦于建立数据资产登记制度和数据要素定价机制等。授权运营成为公共数据流通模式探索的新方向。一些地区采取"政府监管+企业运营"的市场化应用模式（北京、上海、深圳等），以竞争方式确定被授权运营主体，并以市场化方式提供数据产品、数据服务以获得收益。这种模式有望为公共数据资源带来新的发展机遇。数据交易市场形成内外互补共进的局面。我国现有实际运营中的数据交易所共计 30 家，筹建中的有 6 家。其中，北京国际大数据交易所定位较为综合，具备数据信息登记平台、数据交易平台、数据运营管理服务平台、金融创新服务平台、数据金融科技平台五大功能。

上海数据交易所主要职能为交易服务，构建"数商"新业态，首发全数字化数据交易系统和数据产品说明书。深圳数据交易所目标为打造具备资产登记、权益确认、信息披露、资产评估、交易结算等服务能力的综合数据交易服务体系。这些平台将成为推动数据要素市场发展的重要力量。

第三，数据资本化实践显创新活力，激活数据要素潜能。浙江、广东、上海等地依靠数交所或公共存证新平台，利用大数据、区块链等手段探索数据信贷融资新路径，将数据转变为可量化的数字资产，赋能中小微企业，释放了数据的潜能。2022 年 8 月，"航数空间"项目入选工信部大数据产业发展试点示范项目，运用信托财产独立性原则构建可信数据管理制度基础设施，为推动我国的数据要素市场建设提供了强大的动力。同时，以创新方式实现的数据管理方式如"感知数据银行"等也相继出现，这些创新性的实践充分释放了数据的潜能，提高了数据的利用效率，为推动我国的数据要素市场建设提供了强大的动力。2022 年 10 月，北京银行成功落地全国首笔数据资产质押融资贷款；同年 12 月，上海银行发布"基于可交易数据资产的循环授信方案"，实现授信额度核定以及数据资产交易融资。这些创新性实践充分释放了数据的潜能，为中小微企业提供了新的融资渠道和发展机遇。数据信托成为激活数据要素潜能的高效数据管理方式。通过数据信托，数据持有人可将部分权利让渡给受托人进行管理运营，提高数据利用率。2021 年 11 月，"数据信托领军人才训练营"系列活动开始推进，探讨数据合规、隐私计算与数据信托等问题。

二、数字经济测度

（一）数字经济的形成要素

与传统的农业经济和工业经济相比，数字经济中发挥着代表性技术角色的是数字化技术。广义的数字经济不仅包括在线交易，还包括保障这些交易顺利进行的基础设施、数字化媒体、数字化货物以及数字化服务等。这些元素共同构成了一个全面、多层次的数字经济运行系统。

数字经济的形成要素及其主要内容如表 3-1 所示。

表 3-1 数字经济的形成要素及其内容

形成要素	主要内容
数字化赋权基础设施	计算机硬件、软件、电信设备
数字化媒体	直接销售型数字媒体、免费数字媒体、大数据数字媒体
数字化交易	数字订购、平台实现
数字经济交易产品	货物、服务、信息/数据

（二）数字经济产品和数字经济产业

本书将依据《统计用产品分类目录》对与数字经济相关的产品进行全面筛选。该目录包含 97 个产品类别，每个类别都有其相应的子类，这些子类都是基于《国民经济行业分类》构建的，从而形成了一个庞大而详细的产品目录树。这些子类产品不仅包括完全数字化的货物和服务，也涵盖了那些同时具有数字化和传统非数字化成分的"不完全数字化产品"。

对于这些不完全数字化产品，我们需要进行更为深入的工作以精确分离出其数字化成分。这涉及对产品的详细成分进行分析，并利用相关数据和算法来推算出其数字化成分的比例。虽然这个过程相对复杂，但它对于准确衡量数字经济的发展规模至关重要。

遗憾的是，与数字经济相关的基础数据还不完善，因此无法对这些不完全数字化产品的数字和非数字化成分进行准确划分。为了确保测算结果的准确性，我们在计算数字经济规模时，只包括那些其完全或主要特征为数字化的产品。这样做虽然略微保守，但却能够确保得到的数据是可靠和准确的。

在筛选过程中，还需要密切关注数字经济产品的动态变化。随着技术的不断进步和市场的不断演变，新的数字经济产品将会不断涌现。因此，需要持续更新产品分类目录，以便及时捕捉到这些新产品并为它们添加到数字经济规模的测算中。

1. 数字化赋权基础设施产品及对应的数字经济产业

数字化赋权基础设施指的是支持计算机网络及数字经济存在和运转的物理设施等，包括的产品有计算机硬件、软件、电信设备等。表 3-2 列出了《统计用产品分类目录》中数字化赋权基础设施对应的统计用产品与产业分类。

表 3-2　数字化赋权基础设施对应的统计用产品与产业分类

数字经济	包含内容	《国民经济行业分类》（CB/T 4754-2017）	《国民经济行业分类》（CB/T 4754-2011）	《统计用产品分类目录》对应产品
数字化赋权基础设施	电信设备与服务	I-信息传输、软件和信息技术服务业 I-63 电信、广播电视和卫星传输服务 I-64 互联网和相关服务 * I-65 软件和信息技术服务业 *	I-信息传输、软件和信息技术服务业 I-63 电信、广播电视和卫星传输服务 I-64 互联网和相关服务 * I-65 软件和信息技术服务业 *	60-电信和其他信息传输服务 电信服务；互联网信息服务；广播信号传输服务；电视信号传输服务；卫星传输服务
				61-计算机信息服务 计算机系统服务；数据处理服务；计算机及外部设备维修服务；其他计算机信息服务
	计算机软件			62-软件服务 基础软件设计服务；应用软件设计服务；嵌入式软件服务；软件技术服务
	计算机硬件	C-制造业 C-39 计算机、通信和其他电子设备制造业	C-制造业 C-39 计算机、通信和其他电子设备制造业	40-通信设备、计算机及其他电子设备 通信传输设备；通信交换设备；通信终端设备；移动通信设备；移动通信终端设备及零部件；通信接入设备；雷达、无线电导航及无线电遥控设备；广播电视设备；电子计算机及其部件；计算机网络设备；电子计算机外部设备及装置；电子计算机配套产品及耗材；信息系统安全产品；真空电子器件及零件；半导体分立器；光电子器件及激光器件；集成电路；微电子组件；电子元件；敏感元件及传感器；印制电路板；家用音视频设备；其他未列明电子设备

　　注：* 表示该行业中的内容有部分属于该数字经济产业。余表同。

　　在数字经济中，数字化赋权基础设施扮演着至关重要的角色。除了建筑物和具有嵌入软件能够联网的汽车或其他设备之外，这一基础设施还包括许多其他组成部分，如计算机硬件、计算机软件和电信设备与服务等。这些组成部分共同为数字经济的运营提供必要的支持和保障。

　　然而，建筑物和具有嵌入软件能够联网的汽车或其他设备这两类设施并非完全服务于数字经济活动。它们同样可以用于非数字经济活动，因此准确识别和筛选出其中用于数字经济活动的部分是一项极具挑战性的任务。目前，由于缺乏足够的数据支持，无法对这两类设施进行精确划分。为了解决这一难题，本书将目光转向了数字化赋权基础设施中的电信设备与服务、计算机硬件和计算机软件三部分。这三部分不仅与美国经济分析局（BEA）的测算范围一致，而且相对容易进行数据收集和分析。通过考察这三部分的投入和产出情况，我们可以更准确地衡量数字经济的发展规模和影响力。

　　2. 数字化媒体产品及对应的数字经济产业

　　数字化媒体是指用户在数字化设备上创建、接触、存储或浏览的内容。本部分筛选的数字化媒体产业与BEA数字化媒体的测算范围相对应。通过对比和分析，可以发现数字化媒体在经济领域中的重要性和影响，并为未来的研究提供更多参考和启示。表3-3列出了《统计用产品分类目录》中数字化媒体对应的统计用产品与产业分类。

表3-3　数字化媒体对应的统计用产品与产业分类

数字经济	包含内容	《国民经济行业分类》（GB/T 4754-2017）	《国民经济行业分类》（GB/T 4754-2011）	《统计用产品分类目录》对应产品
数字化媒体	互联网发行与出版	R-86 新闻和出版业 R-8624 音像制品出版 R-8625 电子出版物出版 R-8626 数字出版	R-85 新闻和出版业 R-8524 音像制品出版 R-8525 电子出版物出版 R-8529 其他出版业	88-新闻出版服务 网络新闻采编服务；电子出版物出版服务；互联网出版服务
	互联网广播	R-87 广播、电视、电影和录音制作业 R-8710 广播 R-8720 电视 R-8740 广播电视集成播控 R-8750 电影和广播电视节目发行	R-86 广播、电视、电影和影视录音制作业 R-8610 广播 R-8620 电视 R-8640 电影和影视节目发行	89-广播、电视、电影和音像服务 互联网广播节目播出服务；互联网电视节目播出服务；网络电影播出服务

数字经济	包含内容	《国民经济行业分类》（GB/T 4754-2017）	《国民经济行业分类》（GB/T 4754-2011）	《统计用产品分类目录》对应产品
数字化媒体	流量与下载	R-87 广播、电视、电影和录音制作业 R-8730 影视节目制作 R-8760 电影放映 R-8770 录音制作	R-86 广播、电视、电影和影视录音制作业 R-8630 电影和影视节目制作 R-8650 电影放映 R-8660 录音制作	89-广播、电视、电影和音像服务 电影放映服务；音像制作服务
	相关支持服务	I-64 互联网和相关服务* I-6421 互联网搜索服务* I-6422 互联网游戏服务* I-6429 互联网其他信息服务* I-6490 其他互联网服务* I-65 软件和信息技术服务业* I-6531 信息系统集成服务* I-6550 信息处理和储存支持服务*	I-64 互联网和相关服务* I-6410 互联网接入及相关服务* I-6420 互联网信息服务* I-6490 其他互联网服务* I-65 软件和信息技术服务业* I-6520 信息系统集成服务* I-6540 数据处理和储存服务*	60-电信和其他信息传输服务 互联网信息服务 61-计算机信息服务计算机系统服务；数据处理服务

注："相互支持服务"中的各小类同时包含在数字化赋权基础设施和数字化媒体中，按照 BEA 的处理方法，它们在数字化赋权基础设施和数字化媒体的份额分别是 90% 和 10%。

3. 数字化交易产品及对应的数字经济产业

本部分对数字化交易相关产业的筛选主要集中在 B2B 批发和 B2C 零售两个方面。表3-4 为数字化交易对应的统计用产品与产业分类。

表3-4　数字化交易对应的统计用产品与产业分类

数字经济	包含内容	《国民经济行业分类》（GB/T 4754-2017）	《国民经济行业分类》（GB/T 4754-2011）	《统计用产品分类目录》对应产品
数字化交易	B2B 批发	F-51 批发业 5181 贸易代理* 5193 互联网批发	F-51 批发业 5181 贸易代理* 5199 其他未列明批发	63-批发服务 其他未列明批发服务；贸易代理服务
	B2C 零售	F-52 零售业 5292 互联网零售	F-52 零售业 5294 互联网零售	65-零售服务 互联网零售

4. 数字经济交易产品及对应的数字经济产业

在数字经济时代，所有的产品都可以通过数字化的交易，从而成为数字经济在运行过程中的一部分。这些产品几乎涵盖了我们生活的各个方面，甚至连"数据"和"信息"等要素也单独成为产品，具备了产品的基本属性，成为在数字化交易中的重要交易产品。然而，生产数字化产品的产业与数字化赋权基础设施产业存在较大的重合，本书没有单独列出数字经济的产品的产业分类，笔者认为这一部分已经囊括在数字化赋权基础设施产业的增加值中，通过这一方法从而避免进行重复的计算。

因此，在考察数字经济时，我们不仅关注产品本身，还要关注支撑这些产品交易的数字化赋权基础设施。这些基础设施包括电信设备与服务、计算机硬件和计算机软件等，它们为数字经济的运行提供了必要的支持和保障。通过深入了解这些基础设施以及它们与数字经济交易产品的关系，我们可以更好地理解数字经济的核心特征和发展趋势。这将为未来的研究提供更多参考和启示。

（三）核算方法

前文已经讨论过了数字经济的范围，并且进行了数字经济产品和其生产对应的国民经济行业的筛选。接着，我们计算相关产业的总产出与增加值，从总量上来估计数字经济的规模。此处，借鉴 BEA 的测算方法，借助相应的工具系数来进行估算。具体的工具系数如下所示。

1. 行业增加值结构系数

根据《中国投入产出表》提供的增加值数据，构建增加值结构系数，从而来推算出数字经济相关行业的增加值结构系数。其具体的计算方法如下：

$$行业\ ij\ 增加值结构系数 = \frac{行业\ ij\ 增加值}{行业\ j\ 增加值} \tag{3-1}$$

其中，行业 ij 增加值为第 j 行业第 i 子类增加值，行业 j 增加值为行业 j 子类的增加值合计。

2. 数字经济调整系数

在所有相关的国民经济行业中，并不是所有内容都属于数字经济，因此简单地计算增加值结构系数还存在一定的问题，我们需要对此进行一定的调整。此处，通过计算数字经济调整系数来更好地进行估算。其具体的计算方法如下：

$$行业数字经济调整系数 = \frac{行业数字经济增加值}{行业总增加值} \qquad (3-2)$$

3. 行业增加值率

行业增加值率是指国民经济各行业增加值与相应行业总产出的比率，其计算公式如下：

$$行业增加值率 = \frac{行业增加值}{行业总产出} \qquad (3-3)$$

借鉴 BEA 的估算方法，假设各数字经济相关产业中，数字经济中间消耗占数字经济总产出的比重与其所属行业中间消耗占总产出的比重相同，即各行业数字经济增加值为该行业数字经济总产出与该行业增加值率的乘积，其计算公式如下：

$$行业数字经济增加值 = 行业数字经济总产出 \times 行业增加值率 \qquad (3-4)$$

将式（3-3）和式（3-4）相结合，可以得到如下关系：

$$\frac{行业数字经济总产出}{行业总产出} = \frac{行业数字经济增加值}{行业总增加值} \qquad (3-5)$$

（四）核算结果

1. 数字经济增加值及其占 GDP 的比重

上文已经对增加值的计算给出了相应的计算方法，现在对 2017~2011 年我国数字经济增加值及其占 GDP 的比重进行测算。其测算的结果如表 3-5 所示。

表 3-5 2017~2011 年我国数字经济增加值及其占 GDP 的比重

年份	数字化赋权基础设施增加值（万亿元）	数字化交易增加值（万亿元）	数字化媒体增加值（万亿元）	数字经济总增加值（万亿元）	数字经济占 GDP 比重（%）
2017	9.5	8.3	9.4	27.2	32.9
2018	11.1	10.5	10.7	31.3	35.9
2019	12.8	12.5	12.5	35.8	37.6
2020	14.4	14.0	14.8	39.2	39.4
2021	16.9	16.7	17.9	45.5	40.4
2022	19.3	19.0	20.9	50.2	41.5

2. 数字经济总产出规模与结构

根据历年《中国投入产出表》的相关数据及上文对各相关门类数字经济调整系数的估算，本书对 2007～2022 年中国数字经济名义总产出进行测算，中国数字经济名义总产出中，数字化赋权基础设施占比最高，数字化交易和数字化媒体占比较小，中国数字经济名义总产出结构变动情况如表 3-6 所示。

表 3-6　2017～2022 年中国数字经济名义总产出结构

年份	数字经济名义 总产出（万亿元）	数字化赋权基础 设施占比（%）	数字化交易 占比（%）	数字化媒体 占比（%）
2017	27.2	38.3	37.5	24.2
2018	31.3	38.5	37.3	24.2
2019	35.8	38.9	37.1	24.0
2020	39.2	39.6	36.8	23.6
2021	45.5	40.5	36.5	22.9
2022	50.2	41.5	36.4	22.1

第二节　零售业发展现状与测度分析

一、零售业发展现状

（一）零售市场整体增速放缓

根据国家统计局的数据，近几年社会消费品零售总额的增长速度明显放缓，2019～2021 年，仅实现了 3.97% 的年均增速；相比之下，上一个三年（2016～2018 年）的年均增速为 9.37%，这个差距相当显著。同时，线下零售业的增长几乎停滞不前，2019～2021 年的年均增速仅为 1%（见表 3-7）。

表 3-7　2016~2021 年社会零售总额规模　　　　单位：十亿元

年份	线上消费品零售额	线下消费品零售额
2016	4194	25457
2017	5481	27181
2018	7020	26807
2019	8524	27969
2020	9759	25486
2021	10804	28589

资料来源：国家统计局。

以超市业态为例，这个行业的利润下滑趋势明显。尤其是卖场业态，近年来频频出现关店潮，很多企业几乎面临生存危机。2021 年，多家头部超市上市公司的营收同比出现下滑。

在这种情况下，零售企业亟须通过数字化转型来提升运营效率和质量。数字化不再只是简单地作为新的销售渠道，而是需要成为推动门店、商品、供应链等各方面精益运营的重要驱动力。通过数字化转型，企业可以在短期内优化成本结构、提高效率，从而在严峻的形势下保持健康的现金流。而从长期来看，数字化转型能够帮助企业实现可持续、有盈利的增长，是企业在当前环境下最重要的课题之一。

（二）"流量红利"时代已经过去

线上流量红利已经消散，标志着线上市场渗透率已经达到顶峰，平台之间的用户竞争日益激烈。根据中国互联网络信息中心（CNNIC）发布的第 49 次《中国互联网络发展状况统计报告》，截至 2021 年 12 月，中国互联网用户规模已经达到了惊人的 10.32 亿，而移动互联网用户数量高达 10.29 亿。这个数字已经充分展示了线上市场的饱和趋势。另外，用户在移动终端（包括手机和平板电脑）上的使用时间已经封顶，根据 Questmobile 的统计，截至 2022 年 1 月，全网用户月人均单日使用时长高达 6.9 小时。因此，消费者的"注意力"成为从互联网平台到品牌商、零售商等所有面向消费者端的企业激烈争夺的目标。

公域流量的获取成本高昂，对于头部互联网平台来说，客户运营成本更是不断上升。我们可以通过一个简单的公式来理解这个问题，即客户运营成本＝市场及销售费用/年度活跃买家。根据这个公式，阿里系电商的客户运营成本从2017年的43元/人上升到2020年的81元/人，增幅高达88%（见图3-5），这一数字足以凸显客户运营成本的不断攀升。阿里巴巴与拼多多客户运营成本对比如图3-5所示。

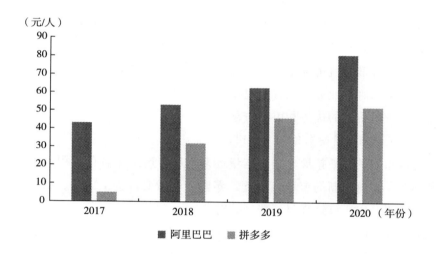

图3-5 2017~2020年头部互联网平台客户运营成本

资料来源：麦肯锡中国零售POS分析报告。

（三）消费者群体变得更加分散

随着线上线下的触点与购买渠道的融合，消费者群体变得更加分散。零售商需要运营的流量阵地也越发复杂，不再只是单一的实体店或是电商平台。过去的实体零售商现在需要跨线上线下、私域公域，通过不同渠道、触点与消费者建立连接。

在私域方面，零售商需要在线上运营自己的社群、微信公众号、企业微信等，以吸引和保持与消费者的联系。通过这些私域流量，零售商可以更好地了解消费者的需求和偏好，提供个性化的服务和产品推荐。在公域方面，零售商需要在社交平台（如小红书等）、短视频/直播平台（如抖音、快手等）进行布局，以扩大品牌知名度和吸引更多的消费者。在这些平台上，零售商可以通过发布优质的内容和开展各种营销活动来吸引用户的关注和互动，从而扩大品牌的影响力和用户基础。

同时，零售商还需要在实体店和线上平台之间建立良好的连接和互动关系。通过将线上和线下的触点整合在一起，零售商可以更好地了解消费者的购买行为和需求，提供更加便捷和个性化的服务。例如，消费者可以在实体店内试用商品后，通过手机 App 或网站下单购买，或者在电商平台上浏览商品时，可以随时联系实体店的工作人员获取更多信息和服务。因此，随着消费者群体的分散和流量阵地的复杂化，零售商需要更加灵活和全面地运营和管理自己的品牌和业务。只有通过不断探索和创新，零售商才能在激烈的市场竞争中获得更多的优势和市场份额。

（四）用户增量逐渐饱和

随着市场的不断拓展，用户增量逐渐饱和，这意味着存量用户的重要性不断提升。在这个新的市场环境下，零售企业需要打造全渠道、精细化的用户运营体系，以更好地满足消费者的需求。

麦肯锡 2022 消费者调研显示，超过 89% 的消费者在过去一年中改变了购买习惯，尝试新的购物 App、新的社群购物方式，或是换常去的零售商/门店/网址。消费者触点和购买路径的碎片化，使得零售商的用户运营不能仅限于单一渠道，而是需要能够运营线上线下多阵地的复杂流量池，并最大化流量投产比。

为了更好地满足消费者的需求，零售商需要建立完善的用户运营体系。首先，需要建立多渠道的用户触达方式，包括线上平台、线下实体店、社交媒体等。其次，需要建立精细化的用户分层分级的运营策略，根据不同消费者的特点和需求，提供个性化的服务和产品推荐。此外，还需要建立完善的会员体系，通过积分兑换、会员专享折扣等方式，提升消费者的忠诚度。

同时，针对目标客户群体的精细化管理以及产出有吸引力的内容也至关重要。零售商需要不断提升内容制作和运营能力，以吸引更多的消费者并提高销售业绩。具体来说，一是可以通过制作有趣的短视频、有吸引力的图文等方式，吸引消费者的眼球并提高品牌知名度。二是可以通过与网红、博主等合作，扩大品牌的影响力和受众范围。

综上所述，随着市场的不断拓展和消费者购买行为的改变，零售企业需要建立全渠道、精细化的用户运营体系，以更好地满足消费者的需求。同时，针对目标客户群体的精细化管理以及产出有吸引力的内容也至关重要，只有不断提升自身的用户运营能力和内容制作能力，才能在激烈的市场竞争中获得更多的优势和市场份额。

（五）消费诉求更趋理性和个性化

消费者在食品采购中的消费升级和降级正在并行发生，这种现象对零售商和供应商都提出了新的挑战和机遇。一方面，消费者在日常生活必需开支方面注重性价比，愿意选择在生活必需品，如日用品、白色家电等品类消费降级，寻找更经济实惠的产品。另一方面，在一些强情感链接、非必需支出的品类，如酒类、美妆护肤等，消费者反而不吝支付一定溢价，以获得差异化、高品质、更能彰显自身个性和品位的产品。这种消费升级的趋势反映了消费者对于生活品质的追求和对个性化和差异化的需求。

年轻消费者对于小众、新奇特商品的热情日益高涨，他们更倾向于选择那些能够讲述有趣故事的品牌，以及能够体现其与众不同的个性的品牌。相比欧美、日韩、澳大利亚等国家（地区）的消费者，中国消费者更渴望彰显个性。近年来，"国潮""新消费品牌"（如李宁、元气森林、三顿半、喜茶等）的崛起，以及小众集合店、买手店的崭露头角，都证明了消费者对于新奇特商品、小众品牌的偏好。

面对消费者诉求的理性和个性化，零售商需要找准自身价值定位，对覆盖客群有深刻洞察，从而做到精准的"人货匹配"。商品力的竞争，一是体现在比以往更精细的颗粒度上，即能否根据目标人群的不同，制定详细的组货和价格策略（即所谓的千店千面）。二是体现在商品创新和差异化优势上，包括自有品牌的精心打磨、拳头品类的优中选优、洞察市场趋势的新品迭代等。商家在后者上纷纷展现出了雄心，加大对于自有品牌产品的投入。三是一些因"产品结构老化"而逐步失去对年轻人吸引力的传统商超卖场，也开始尝试取消传统的通道费、促销费等后台费用，意在打破以往引入新品的最大障碍，让更多创新品类、商品可以快速进入零售渠道，触达消费者。

除在商品层面进行创新和改进外，零售商还需要关注自身的经营模式和服务质量。为了更好地满足消费者的需求和提高购物体验，零售商需要积极探索新的销售渠道和营销方式。例如，通过社交媒体和线上平台进行线上线下的融合、开展促销活动、打造会员体系等方式来增强与消费者的互动和黏性。此外，提供更加优质的售后服务和增值服务也是吸引消费者的重要手段之一。

同时，政府也在积极推动食杂零售行业的转型升级。政府出台了一系列政策措施鼓励创新和消费升级，包括支持新消费品牌的发展、加强对食杂商品质量的监管等。这些政策措施为食杂零售行业的发展提供了有力的支持和保障。

总的来说，消费者在食杂采购中的消费升级和降级并行发生的现象对零售商和供应商都提出了新的挑战和机遇。为了适应这种变化并保持竞争力，零售商需要不断进行创新和改进，提供更加优质的产品和服务；供应商需要加强与零售商的合作，共同探索新的市场机会和发展模式；政府需要继续出台相关政策措施支持食杂零售行业的发展。只有各方共同努力才能实现食杂零售行业的可持续发展和市场繁荣。

（六）门店角色多元化

门店已经不再仅仅是商品交易的场所，更是提供极致用户体验的关键平台。随着互联网的普及和线上市场的不断发展，实体门店的客流量确实呈现下滑趋势。这一现象的产生，既由于疫情的冲击，也由于线上购物平台的兴起和到家业务的普及。如今，消费者在购物时，不再只依赖于传统的实体店，而是更加倾向于在线上购物平台进行消费。

门店是即时配送的"最后一公里"履约中心。尽管O2O概念早在2016年左右已经兴起，但到2020年新冠感染疫情暴发，才真正改变了国人的购物习惯。如今，即时履约已成标配，受益于"最后一公里"基础设施能力逐步完善，消费者对于配送时效的感知和期望也被拉高。中国拥有全世界规模最大的餐饮外卖生态，根据CNNIC、国家统计局数据，逾30%的人口使用外卖服务，1300万骑手每日穿梭于全国2000多座城市（见图3-6）。第三方餐饮外卖平台在过去数年的发展中，建立了高效完备的"最后一公里"配送体系，推动即时零售快速发展。近年来，外卖平台如美团、饿了么逐渐拓展业务，接入线下多业态、多品类的零售门店，从最初的食杂到非处方药品，再到曾主要是次日达的电器、服装等品类，如今大多能实现30分钟到达。电商物流（如京东到家）、同城配送（如达达快送、顺丰同城）的入局也进一步丰富了"最后一公里"配送资源。同时，除了即时达（一般在30分钟左右），消费者也可以选择"定制达"，即在预期的数小时至数日范围内，选择精确到半小时范围的配送时间，灵活度更高，进一步提升了消费体验。对于零售商来说，门店是实现即时履约的重要一环。门店的布局、前场后仓的规划、拣货和合流区域的设计，都能对提升"最后一公里"履约效率、降低履约成本起到关键作用。例如，天虹超市通过改造到家业务的合流区门店布局、前场后仓规划以及拣货和合流区域的设计等措施，从每日处理约500个线上订单到可以轻松应对1000多个线上订单；某领先新零售企业在入驻每个购物中心之前都会对门店合流区域配送出口通道进行评估或按需改造，确保货品分拣后能即刻由相应骑手送出。

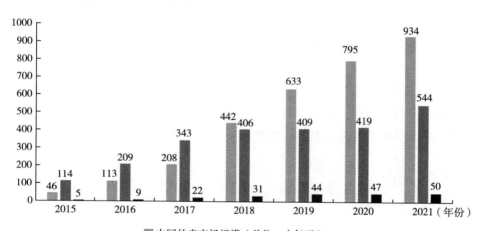

图3-6　外卖市场规模、用户数量、每日平均订单量

注：用户数量标准为在过去6个月内使用过外卖服务。

资料来源：易观、CNNIC、QuestMobile。

对于附加服务、辅助服务需求高的业态，如购物中心/百货、专业专卖店（美妆、药房、母婴等），一线店员、导购担当至关重要的角色。零售企业应思考如何充分盘活店员和导购，包括激发其积极性（分润机制、意识转变），通过数字化工具赋能导购，包括但不限于帮助其提升工作能力和专业知识，精简和优化工作流程，高效接触、连接和维系消费者，交付高质量的服务和体验。一方面，通过精细化管理和数字化赋能提升导购的专业度和销售技巧，如通过智能化的销售系统提供商品陈列、搭配、推荐以及智能客服等工具提高导购的销售转化率；另一方面，建立合理的激励机制，让导购在能分享到销售利润的同时，提升他们的积极性和归属感。此外，还可以利用数字化工具提升导购与消费者的连接和沟通效率，如使用智能化的会员系统获取消费者信息进行个性化推荐和关怀提醒，同时也可以利用社交媒体平台与消费者进行互动交流，以更深入地了解他们的需求和反馈，从而提供更精准的服务和解决方案，进一步提升消费者的满意度和忠诚度，实现持续增长的目标。

二、零售业发展水平测度

前文已经对零售业发展水平的测度进行了分析，发现此方面的研究文献数量较少。本书借鉴了相关服务业的评价体系，结合零售业高质量发展的定义，从三个维度（整体规模、结构优化、社会效益）进行了测度。测算方法主要为主成分研究法。由于最终得分可能为负值，我们对最终得分进行平移处理，将其转变为正值。具体公式如下：

$$Y'_{i,t} = \frac{k + Y_{i,t}}{2k} \tag{3-6}$$

其中，$k = \max |Y_{i,t}|$。

最终测算结果如表 3-8 所示。从发展脉络来看，其呈现出逐年上升的发展趋势，这也与我国零售业高质量发展水平逐年提升的事实相对应。从地区来看，东部地区发展较快，其零售业高质量发展水平高于其他地区。中部和西部地区之间存在一定的差异，但是这个差异呈现出进一步缩小的区域，这主要是因为近年来西部地区零售业发展速度较快。此外，从省份来看，不同省份的零售业高质量发展水平并不相同，一线城市和经济发达地区的发展水平明显高于其他地区。

表 3-8 2017~2021 年我国部分地区零售业高质量发展水平

年份 地区	2017	2018	2019	2020	2021
北京	0.776	0.789	0.864	0.958	0.961
天津	0.542	0.595	0.686	0.661	0.675
河北	0.445	0.482	0.513	0.534	0.565
山西	0.401	0.431	0.441	0.462	0.435
内蒙古	0.419	0.446	0.467	0.484	0.492
辽宁	0.445	0.477	0.500	0.510	0.505
吉林	0.412	0.444	0.456	0.471	0.486
黑龙江	0.410	0.438	0.460	0.450	0.461
上海	0.804	0.846	0.908	1.000	1.002
江苏	0.645	0.694	0.708	0.739	0.728
浙江	0.725	0.777	0.818	0.857	0.879
安徽	0.481	0.503	0.523	0.537	0.541
福建	0.557	0.590	0.635	0.665	0.673
江西	0.438	0.480	0.508	0.521	0.531
山东	0.532	0.542	0.552	0.563	0.572
河南	0.471	0.479	0.503	0.520	0.531
湖北	0.489	0.517	0.535	0.542	0.552
湖南	0.483	0.508	0.518	0.527	0.531
广东	0.744	0.795	0.846	0.906	0.910
广西	0.436	0.460	0.481	0.495	0.501
海南	0.462	0.505	0.526	0.548	0.551
重庆	0.508	0.534	0.547	0.557	0.561
四川	0.522	0.563	0.592	0.615	0.623
贵州	0.460	0.467	0.492	0.492	0.503
云南	0.429	0.444	0.479	0.502	0.512
陕西	0.472	0.481	0.492	0.505	0.516
甘肃	0.403	0.429	0.451	0.458	0.461

续表

地区 \ 年份	2017	2018	2019	2020	2021
青海	0.406	0.467	0.440	0.481	0.492
宁夏	0.407	0.414	0.428	0.460	0.471
新疆	0.467	0.509	0.521	0.514	0.523
东部地区	0.607	0.645	0.687	0.722	0.812
中部地区	0.448	0.475	0.493	0.504	0.513
西部地区	0.448	0.474	0.490	0.506	0.515

综上所述，各个地区之间零售业的高质量发展水平参差不齐，其区域发展不均衡的情况十分突出。这也是零售业在发展的过程中亟待解决的问题之一。

第三节　数字经济时代零售业态演化与企业绩效实证研究

一、数字经济时代零售业态演化

在零售业的发展历程中，中国零售业的演化经历了不同的阶段。第一个阶段，零售商开始引入线上销售渠道，同时积极地扩大线下门店，线上和线下相结合，从而增加自己的市场占有率。在这一阶段，许多知名的实体零售商积极地进行转型，进军网络渠道。在此阶段，线上销售逐渐成为一种新的购物方式，并不断扩大市场份额。

随着互联网技术的不断发展和普及，实体零售商开始探索触网转型，从而进入了一个全新的阶段，即"触网"阶段。在这一阶段，实体零售商开始通过拓展网络渠道来增加销售渠道和销售份额，运营成本和经营费用也随之增加，从而对企业绩效产生了影响。

随着时间的推移，"触网"阶段逐渐暴露出一些问题。实体零售商与自身的线上渠道之间出现了"竞食效应"，这使得实体零售商需要管理更加复杂的渠道关系，同时面临着消费者流失的风险。为了解决这些问题，实体零售商开始进入"新零售"阶段。

在 2016 年左右，中国国内领先的实体零售商开始迈入"新零售"阶段，新零售是一种新型的零售形态，其主要特征是以数据为中心进行驱动，以数字技术为基础，相较于前一阶段，这一阶段，线下和线上的方式进行了更为深度的融合，企业也更加注重融合的方式。全渠道整合、消费升级、场景化改造、定制化生产等方式成为提高零售企业综合竞争力和运营效率的关键手段。这种全新的零售模式不仅满足了消费者对多元化、个性化、便捷化的需求，也促使零售企业不断适应市场变化，提升自身竞争力。

在"新零售"阶段，实体零售商更加注重消费者的体验和需求，通过数据分析和挖掘来了解消费者的购物习惯和需求，从而提供更加个性化的服务和产品。同时，实体零售商也开始加强与线上渠道的融合，通过线上渠道来扩大销售范围和增加销售额。

"触网"阶段向"新零售"阶段的转变是实体零售业发展的必然趋势。通过不断探索和创新，实体零售商将能够更好地适应市场变化和消费者需求，从而获得更加稳健和可持续的发展。"新零售"模式依托大数据和先进技术，实现了对消费者购物行为的精准分析和预测。通过数字化经营和全渠道协同效应，企业能够提高运营效率和商品周转率，进而提升企业绩效。不同于传统的零售模式，新零售以实体门店的线下体验为基础，结合线上平台的便捷性，为消费者提供了全新的购物体验。这种模式不仅增加了消费者的感知价值态度和购买意愿，还使零售企业得以获取更高的利润和绩效。然而，"新零售"模式也带来了相应的挑战。一方面，企业需要投入大量的资源和精力来构建和完善线上渠道，这会增加企业的管理成本和交易费用；另一方面，线上线下渠道的整合可能会引发渠道冲突和稀释效应。如果不能妥善处理这些挑战，可能会对企业的经营绩效产生消极影响。有些研究发现，过高的渠道整合费用可能导致资源浪费和机会主义行为的出现，对企业绩效产生负面影响。

基于以上分析，本次分析采用双重差分法。数据来源于国内 70 家上市零售企业，选取时间段为 2005~2020 年。根据零售业的演化，将研究分为两个阶段，从而更好地研究数字经济背景下，零售业演化的阶段和企业绩效之间的相关关系，分析零售业的新业态对于绩效的影响机制。

二、模型构建

（一）第一阶段：开始接触线上渠道

这一阶段，传统的零售企业开始转型，逐渐开始接触线上渠道。其具体的回归模型如下所示：

$$IPerf_{it} = \alpha_0 + \alpha_1 treat_{1i} + \alpha_2 period_{1t} + \alpha_3 treat_{1i} \cdot period_{1t} + \sum_{i=1}^{n} \alpha_{it} X_{it} + \varepsilon_{it}$$

$$(3-7)$$

其中，i 表示零售企业；t 表示时间维度；$IPerf_{it}$ 表示零售商绩效（包括盈利能力、运营能力、持续能力）；$treat_{1i}$ 表示是否开展网络销售的虚拟变量；$period_{1t}$ 表示开展网络销售的时间虚拟变量；$treat_{1i} \cdot period_{1t}$ 表示交叉变量；X_{it} 表示控制变量；n 表示控制变量数量；ε_{it} 表示误差项。

（二）第二阶段：新业态——"新零售"

在这一阶段，零售业逐渐产生了"新零售"这一新的业态。其具体的回归模型如下所示：

$$Nper_{it} = \beta_0 + \beta_1 treat_{2i} + \beta_2 period_{2t} + \beta_3 treat_{2i} \cdot period_{2t} + \sum_{i=1}^{n} \beta_{it} X_{it} + v_{it}$$

$$(3-8)$$

其中，i 表示零售企业；t 表示时间年度；$Nper_{it}$ 表示零售商绩效（包括盈利能力、运营能力、持续能力）；$treat_{2i}$ 表示是否开展"新零售"的虚拟变量；$period_{2t}$ 表示开展"新零售"的时间虚拟变量；$treat_{2i} \cdot period_{2t}$ 表示交叉变量；X_{it} 表示控制变量；n 表示控制变量数量；v_{it} 表示误差项。

（三）变量选取

1. 被解释变量

本书从盈利能力（总资产回报率）、运营能力（存货周转率）和持续能力（净利润增长率）三个方面来衡量零售商绩效，包括总资产回报率

（ROA_{it}）、存货周转率（$INVT_{it}$）、净利润增长率（$IRNP_{it}$）。

2. 解释变量

$treat_{1i}$：分组虚拟变量 1。在第一阶段，用来区分实验组与控制组的虚拟变量，如果零售商没有进行网络销售，计入控制组，$treat_{1i} = 0$；如果零售商进行网络销售则为实验组，$treat_{1i} = 1$。

$treat_{2i}$：分组虚拟变量 2。在第二阶段，用来区分实验组与控制组的虚拟变量，如果产生"新零售"这一新的业态，计入控制组，$treat_{2i} = 0$；如果零售商开展了"新零售"则为实验组，$treat_{2i} = 1$。

$period_{1t}$：时间虚拟变量 1，表示"触网"发生的时间虚拟变量。在第一阶段，将"触网"之前的时间记为 $period_{1t} = 0$，"触网"当年及之后的时间表示为 $period_{1t} = 1$。

$period_{2t}$：时间虚拟变量 2，表示"新零售"发生的时间虚拟变量。在第二阶段，将"新零售"之前的时间记为 $period_{2t} = 0$，开展"新零售"当年以及之后的时间表示为 $period_{2t} = 1$。

$treat_{1i} \cdot period_{1t}$：在第一阶段，分组虚拟变量与时间虚拟变量的交互项 1，是模型的主要解释变量，其系数反映了开展网络销售对零售企业绩效的净效应。

$treat_{2i} \cdot period_{2t}$：在第二阶段，分组虚拟变量与时间虚拟变量的交互项 2，是模型的主要解释变量，其系数反映了开展"新零售"对零售企业绩效的净效应。

3. 控制变量

我们从企业层面和地区层面提出了相应的控制变量，旨在更好地区分不同因素的影响。主要变量及其含义如表 3-9 所示。

表 3-9 主要变量及其含义

变量	类别	符号	变量名称	变量含义
被解释变量	盈利能力	ROA_{it}	总资产回报率	（利润总额+财务费用）÷平均资产总额
	运营能力	$INVT_{it}$	存货周转率	主营业务成本÷[（期初存货净额+期末存货净额）÷2]
	持续能力	$IRNP_{it}$	净利润增长率	（本年净利润−上年净利润）/上年净利润

变量	类别	符号	变量名称	变量含义
解释变量	虚拟变量	$treat_{1i}$	分组虚拟变量1	没有进行网络销售取值0，进行网络销售取值1
		$treat_{2i}$	分组虚拟变量2	没有开展"新零售"取值0，开展"新零售"取值1
		$period_{1t}$	时间虚拟变量1	2005~2008年取值0，2009~2012年取值1
		$period_{2t}$	时间虚拟变量2	2010~2015年取值"0"，2016~2020年取值"1"
		$treat_{1i} \cdot period_{1t}$	交互项1	"纯实体"到"触网"阶段，企业分组与时间分组的交互项
		$treat_{2i} \cdot period_{2t}$	交互项2	"触网"到"新零售"阶段，企业分组与时间分组的交互项
控制变量	企业层面	Age_{it}	公司年龄	企业上市之后的续存时间
		Cos_{it}	销售成本率	营业成本÷营业收入
	地区层面	GDP_{it}	经济发展水平	人均地区生产总值
		RFD_{it}	地区金融深度	金融机构各项贷款余额÷地区生产总值
		$OPEN_{it}$	经济开放程度	进出口贸易额÷地区生产总值

（四）数据来源

本书的数据来源于 A 股零售业的上市公司，时间选取范围为 2005~2020 年。主要数据包括两种类型：第一类为企业财务数据，主要来源于上市公司财报；第二类为其他数据，主要是在各类网站上自行整理，然后汇总得到。

此外，为了保证数据的连续性，本书对关键词进行了筛选。将未涉及关键词的公司作为控制组的样本，具体选取数量为 30 家；将涉及关键词的公司作为处理组，同样为 30 家。

三、实证结果分析

（一）绩效描述

表 3-10 为不同阶段零售商绩效的描述性统计分析。通过对描述性统计

量进行对比分析，可以发现，在第一阶段，处理组的总资产回报率均值高于控制组，但是样本组的存货周转率和净利润增长率的均值低于控制组。在第二阶段，实验组的总资产回报率、存货周转率和净利润增长率的均值都高于控制组。

表 3-10　不同阶段零售商绩效的描述性统计分析

变量		实验组					控制组				
		Obs	Mean	Stdev	Min	Max	Obs	Mean	Stdev	Min	Max
第一阶段	ROA_{it}	113	7.142	3.852	−3.812	18.962	286	6.7	4.6	−19.403	27.952
	$INVT_{it}$	113	14.291	12.932	0.392	65.931	286	15.2	17.423	0.314	97.952
	$IRNP_{it}$	94	0.514	1.431	−1.241	9.321	252	0.3	1.5	−9.411	10.213
第二阶段	ROA_{it}	361	5.835	3.981	−13.931	25.987	143	5.8	7.423	−56.423	41.294
	$INVT_{it}$	361	1.872	5.619	0.041	69.921	143	1.6	2.091	0.031	11.321
	$IRNP_{it}$	353	0.173	1.562	−6.931	9.892	149	−0.6	5.5	−47.324	10.135

（二）实证结果检验

本书采用双重差分法，分别从盈利能力、运营能力和持续能力三个方面进行多元回归分析以考察网络销售对零售企业绩效（$IPerf_{it}$）的影响，以及"新零售"模式下零售企业绩效（$NPerf_{it}$）的变化。考虑到影响效应的滞后性问题，本书将因变量临近三年（前一期、本期、后一期）的加权平均值进行回归。表 3-11 为不同阶段下零售企业绩效分析。

表 3-11　不同阶段下零售企业绩效分析

解释变量	$IPerf_{it}$			$NPerf_{it}$		
	ROA_{it}	$INVT_{it}$	$IRNP_{it}$	ROA_{it}	$INVT_{it}$	$IRNP_{it}$
$Constant$	13.682 (0.94)	−76.178 (−1.31)	3.163 (0.91)	71.642 (6.45)	−7.597 (−0.52)	15.752** (2.43)
$period_t$	0.954* (1.83)	−0.621 (−0.31)	0.058 (0.37)	−2.321*** (−3.82)	−0.503 (−0.58)	−1.628*** (−4.22)
$treat_i$	0.823 (0.84)	3.686 (0.95)	0.426*** (1.95)	−0.211 (−0.28)	0.242 (−0.23)	0.172 (0.41)

续表

解释变量	$IPerf_{it}$			$NPerf_{it}$		
	ROA_{it}	$INVT_{it}$	$IRNP_{it}$	ROA_{it}	$INVT_{it}$	$IRNP_{it}$
$treat_i \cdot period_t$	-1.382^{**}	-8.389^{***}	-0.442^{**}	2.064^{***}	1.642	1.752^{***}
	(2.34)	(-3.08)	(-2.14)	(3.45)	(1.73)	(4.52)
Control	Yes	Yes	Yes	Yes	Yes	Yes
Observation	392	392	392	483	483	483
R^2	0.050	0.0397	0.059	0.131	0.0241	0.094
Chi2	32.98	14.02	16.28	110.32	11.82	36.24

注：括号内的数字为系数估计值的 z 统计量；*** 表示 $p < 0.01$，** 表示 $p < 0.05$，* 表示 $p<0.1$。

根据分析的结果。在控制了变量以后，是否开展网络销售和"新零售"仍然会对公司的绩效评估指标产生较大的差异。在第一阶段，交叉项回归系数均通过了检验。存货周转率（$INVT_{it}$）交叉项回归系数为 -8.389，且通过了 1% 的显著性检验，说明 2009 年以后开展网络销售的样本组企业的存货周转率随着时间的推移而下降，即网络渠道的增加并不能够显著降低零售企业的存货水平。当被解释变量为净利润增长率（$IRNP_{it}$）时，交叉项回归系数为 -0.442，且通过了 5% 的显著性检验，说明在同一时期开展网络销售的企业净利润增长率呈现下滑趋势。

总体来看，引入网络零售业态后，企业的绩效呈现出下滑的趋势，说明该事件对企业的绩效起到了反向的作用。

第四章　数字经济对零售业发展影响的实证研究

第一节　指标选取和数据说明

一、指标选取

本章选取了被解释变量 1 个，核心解释变量 1 个，控制变量 4 个。具体指标的选取如表 4-1 所示。

表 4-1　变量的选取与具体含义

类别	名称	符号	定义
被解释变量	零售业高质量发展	RE_{sale}	包括零售业整体规模、零售业结构优化和零售业社会效益三个维度
解释变量	数字经济	DEI	包括数字基础设施、数字业务规模、数字应用程度、数字技术创新四个维度
控制变量	政府干预度	Gov	用政府公共财政支出占 GDP 比重表示。政府行为会干预市场运转从而对产业发展产生影响
	对外开放程度	$Open$	用进出口总额占 GDP 比重表示。对外开放使外资零售企业进入国内市场，其具备的先进技术对本土零售业形成巨大压力并产生负面影响

续表

类别	名称	符号	定义
控制变量	城镇化水平	*Urb*	用各地区城镇人口比重表示。城镇人口的消费能力更强，城镇人口越多，意味着市场需求越多，从而推动零售业进一步发展
	人口规模	*Lnpeo*	用年末常住人口数的对数表示。人口规模代表消费市场，更大的消费市场包含更多的消费需求，对零售业发展产生正向影响

二、数据说明

本章选取 2013~2021 年我国 30 个省份进行研究。数据来源于 2013~2021 年《中国统计年鉴》、《中国劳动统计年鉴》、《中国工业统计年鉴》、《中国第三产业统计年鉴》、Wind 数据库。

对于缺失值的处理，本章主要进行了以下处理：①剔除了西藏和港澳台地区的数据；②采用插值法对剩余的数据进行了补充。

变量描述性统计结果如表 4-2 所示。从描述性分析的结果来看，各变量的标准差较大，最大值和最小值存在着一定的差距。描述性的结果表明各地区的零售业发展存在着发展不平衡的情况，这也为本书进一步的研究奠定了基础。

表 4-2　变量描述性统计结果

变量	符号	观测数	均值	标准差	最小值	最大值
被解释变量	RE_{sale}	270	0.525	0.131	0.352	1.121
核心解释变量	*DEI*	270	0.147	0.124	0.032	0.672
控制变量	*Gov*	270	0.282	0.121	0.123	0.731
	Open	270	0.261	0.281	0.012	1.261
	Urb	270	59.52	11.72	37.51	89.73
	Lnpeo	270	8.356	0.752	6.452	9.513

第二节　数字经济对零售业高质量发展的总体效应分析

一、模型设定

根据前文的设定，本章构建基准的回归模型，以检验数字经济对零售业高质量发展的总体效应。具体表达式如下：

$$RE_{i,t} = c + \alpha_1 DEI_{i,t} + \alpha_c Z_{i,t} + \mu_i + \delta_t + \varepsilon_{i,t} \tag{4-1}$$

其中，$RE_{i,t}$ 表示地区 i 在 t 时期零售业的高质量发展水平；$DEI_{i,t}$ 表示地区 i 在 t 时期的数字经济发展水平；$Z_{i,t}$ 表示四种控制变量，分别为政府干预度（Gov）、对外开放程度（$Open$）、城镇化水平（Urb）、人口规模（$Lnpeo$）；μ_i 表示个体的固定效应；δ_t 表示时间固定效应；$\varepsilon_{i,t}$ 表示随机扰动项。

二、基准回归结果

进行 Hausman 检验，检验结果显示固定效应更适合本书的研究，因此，对个体固定效应模型进行测度。

表 4-3 为未加入控制变量前的基准回归结果。

表4-3　未加入控制变量前的基准回归结果

变量	未加入控制变量前结果
DEI	1.572*** （0.088）
常数项	0.312*** （0.011）
省份固定效应	控制
样本数	270
R^2	0.911

注：＊＊＊表示 $p<0.01$，＊＊表示 $p<0.05$，＊表示 $p<0.1$。

表4-4为加入控制变量后的基准回归结果，从回归结果来看，政府干预度（Gov）、对外开放程度（Open）对零售业均有显著的影响。其中，政府干预对零售业高质量发展可能会产生挤出效应，主要是因为政府的过度干预可能会限制市场自由和竞争，从而降低零售业的活力和创新。如果政府对零售业的干预过于严格，如通过限制市场准入、设立过多的许可证等手段来控制零售业的发展，这可能会导致市场缺乏竞争，进而降低零售业的效率和创新能力。在这种情况下，政府的干预可能会"挤出"私人的投资和经营活动，使得零售业的发展缺乏活力和动力。政府的过度干预还可能会增加零售业的经营成本，如征收过高的税费、增加行政审批等，这些额外的成本可能会使零售商的利润空间缩小，进而降低他们的投资能力和服务质量。在这种情况下，政府的干预也可能会产生挤出效应，即降低零售业的投资和经营活动。

表4-4　加入控制变量后的基准回归结果

变量	加入控制变量后结果
DEI	1.312***
	(0.134)
Gov	-0.192***
	(0.091)
Open	-0.132*
	(0.081)
Urb	0.004
	(0.004)
Lnpeo	0.073
	(0.0119)
常数项	-0.251
	(1.121)
省份固定效应	控制
样本数	270
R^2	0.911

　　注：*** 表示 $p<0.01$，** 表示 $p<0.05$，* 表示 $p<0.1$。

根据表4-3及表4-4的回归结果，可以发现数字经济（DEI）的系数均显著为正，即从回归结果来看，数字经济可以显著地促进零售业的高质量发展。

数字经济促进零售业高质量发展可以通过以下几种方式进行：第一，促进零售业的扩张模式创新。数字经济可以将线下和线上模式进行融合，从而改变原有扩张模式成本高的问题。通过线上平台和线下实体店相互配合，实现零售业的快速发展。第二，拓展零售商的销售渠道。通过拓展销售渠道，进一步提高零售商的利润率和市场占有率。第三，优化传统营销方法。数字经济可以通过大数据营销的方法准确把握客户需求，实现精准营销和个性化推荐，提高客户满意度和忠诚度。第四，加速产业网链的资源整合。数字经济可以通过建立信息互通平台，实现柔性生产和个性定制，提高生产效率和质量，同时也可以加强与供应商、物流企业的合作，优化供应链和物流链。第五，提高吸纳就业的能力。数字经济可以帮助零售业优化产业内部就业结构，提高吸纳就业的能力，同时也可以通过信息共享和示范效应促进技术知识溢出，产生正向空间溢出效应，带动邻近地区零售业共同发展。第六，推动数字化转型。数字经济可以帮助零售业实现数字化转型，通过数据分析和人工智能等技术手段，提高经营和管理效率，优化用户体验，增强品牌形象和竞争力。

对外开放程度对零售业的高质量发展产生挤出效应的原因可能有以下几点：第一，竞争压力增加。随着对外开放程度的提高，外资零售企业进入市场，带来了更激烈的竞争。本土零售企业可能面临更大的经营压力，需要提高自身的竞争力以保持市场份额。第二，市场份额被挤压。外资零售企业具有先进的管理经验、品牌影响力、营销策略等优势，可能会抢占更多的市场份额。这可能导致本土零售企业的销售额和利润下降，进而影响其高质量发展。第三，技术落后和管理水平低下。与外资企业相比，本土零售企业在技术、管理、品牌等方面可能存在一定差距。在对外开放的过程中，这些短板可能被暴露出来，导致本土企业难以应对外资企业的竞争。第四，消费者需求变化。随着市场的开放和消费者需求的不断变化，对零售业的经营和服务质量提出了更高的要求。如果本土零售企业无法及时适应这些变化，可能会失去消费者，进而影响其高质量发展。

此外，城镇化水平（Urb）和人口规模（Lnpeo）的系数均不显著，表明城镇人口比重和人口规模增加对零售业高质量发展并没有产生明显的促进作用。

第三节　数字经济对零售业发展产生 财务效应分析

数字经济对零售业发展产生财务效应，但是财务效应的分析应该是基于具体企业进行现金流、盈利能力等的分析，本节选取苏宁易购作为研究对象。2016年，出现了新零售这一新业态。苏宁易购在新零售这一新业态出现以后，积极推出智慧零售，取得了良好的效果。本节基于苏宁易购2016~2020年度财务的相关数据，通过分析企业的财务效应，并结合下一节苏宁易购的市场效应，综合分析苏宁易购的数字化转型的效果。

一、现金流变化分析

现金流变化分析是一种财务分析方法，它关注的是企业现金流入和流出的状况，以及现金流转的过程和效率。这种分析方法可以帮助企业了解其资金周转情况、偿债能力、盈利质量等关键财务指标，从而更好地评估企业的经营状况和风险水平。

表4-5为2016~2020年苏宁易购现金流量。2016年，苏宁易购因销售收入快速增长，加强了供应链管理和存货周转效率，从而实现了正的经营活动净现金流。然而，自2017年提出零售转型以来，为寻求更多的经营活动现金流，苏宁易购增加了小额贷款数量并不断扩大保付代理业务规模。此外，为确保畅销品持续供应并给予生产商更多的资金支持，2017~2019年，经营活动现金流出大幅增加。这导致了经营活动产生的净现金流为负，从而给企业的正常运营带来了资金链断裂的风险。

表 4-5 2016～2020 年苏宁易购现金流量　　　　单位：亿元

指标 \ 年份	2016	2017	2018	2019	2020
经营活动现金流入小计	1772.56	2216.30	2864.10	3004.91	3068.14
经营活动现金流出小计	1734.17	2282.35	3002.85	3183.56	3084.35
经营活动产生的现金流量净额	38.39	-66.05	-138.74	-178.65	-16.22
投资活动现金流入小计	1259.57	2227.56	2264.96	897.76	437.25
投资活动现金流出小计	1655.69	2093.19	2295.06	1106.47	391.48
投资活动产生的现金流量净额	-396.13	134.37	-30.10	-208.71	45.77
筹资活动现金流入小计	488.93	169.20	637.60	915.09	692.72
筹资活动现金流出小计	121.35	178.30	412.26	653.08	785.13
筹资活动产生的现金流量净额	367.58	-9.11	225.34	262.01	-92.41
现金及现金等价物净增加额	10.84	56.53	66.66	-123.01	-63.56

资料来源：笔者根据苏宁易购年报整理。

二、盈利能力分析

盈利能力是衡量企业是否可以通过其运营活动实现利润的能力。盈利能力分析是对企业盈利能力的综合评价，它涉及多个财务指标和财务比率的计算和分析。通过盈利能力分析，我们可以了解企业的盈利水平、盈利能力结构以及盈利的可持续性。首先，盈利水平是衡量企业赚取利润的能力。常见的盈利水平指标包括毛利率、净利率、营业利润率等。这些指标可以通过财务报表中的收入和成本数据计算得出，它们可以反映企业在不同业务领域的盈利能力和效率。其次，盈利能力结构是指企业利润的来源和构成。通过分析企业的利润表，我们可以了解企业的营业收入、营业成本、营业费用等构成情况，从而了解企业的盈利结构及其变化趋势。最后，盈利的可持续性是指企业盈利的稳定性和长期性。通过分析企业的现金流表和资产负债表，我们可以了解企业的现金流量情况、资产质量和负债状况，从而评估企业的盈利能力和风险水平。

（一）销售净利率

销售净利率是衡量企业盈利能力的一个重要指标，它指企业的净利润与销售收入之间的比率。这个指标反映了企业每销售一单位产品或服务所能获得的净利润大小。

一般来说，销售净利率越高，说明企业的盈利能力越强，因为这表明企业能够从销售收入中获取更多的净利润。反之，如果销售净利率较低，则说明企业的盈利能力可能较弱，或者存在一些成本或费用控制不当的问题。

要提高销售净利率，企业可以通过提高产品或服务的售价、降低成本或费用、提高生产效率或服务质量等方式来实现。同时，企业也需要关注销售收入的结构和组成，因为不同的产品或服务的销售收入对净利润的贡献可能会有所不同。需要注意的是，销售净利率是一个相对指标，它的大小会受到企业规模、行业特点、市场环境等因素的影响。因此，在分析销售净利率时，需要结合企业的具体情况进行深入分析和比较。

表4-6为2016~2020年苏宁易购及行业平均销售净利率。2017年之前，苏宁易购主要依赖线下销售来获取收入，但在互联网经济的冲击下，其销售净利率表现并不出色。自2017年开始，苏宁易购转向智慧零售模式，采取了线上与线下相结合的销售策略，同时借助自建和收购的物流服务，这些举措使得苏宁易购在2017年和2018年的销售净利率得到大幅提升。然而，2019年，由于行业平均销售净利率下滑，苏宁易购决定转让苏宁小店的股权，这导致其销售净利率有所下降。2020年，受新冠感染疫情影响，我国百强大规模的零售业中，零售额与上年同期相比下降了13.8%。然而，在整个行业中，线上零售行业销售规模急剧增长。这使得行业的销售净利率均值有所上升，其中也包括苏宁易购。

表4-6　2016~2020年苏宁易购及行业平均销售净利率　　　　单位：%

年份	2016	2017	2018	2019	2020
苏宁易购	0.33	2.15	5.16	3.46	-2.12
行业平均水平	1.31	1.40	1.40	1.25	1.86

资料来源：笔者根据苏宁易购年报整理。

（二）净资产收益率

净资产收益率，也称为股东权益报酬率或净值报酬率，是衡量上市公司盈利能力的重要指标之一。它指的是公司税后利润除以净资产得到的百分比率，用于衡量公司运用自有资本的效率以及公司对股东投入资本的利用效率。净资产收益率的计算公式为：净资产收益率＝税后利润÷净资产。净资产收益率越高，说明投资带来的收益越高；净资产收益率越低，说明企业所有者权益的获利能力越弱。

表 4-7 为 2016～2020 年苏宁易购及行业净资产收益率。2013 年，苏宁易购便以超前的视角和巨大的决心，首次采用 O2O 模式，在电商中独树一帜。然而，转型的过程并非一帆风顺，苏宁易购经历了种种困难，导致其净资产收益率一直未能达到行业的领先水平。2017 年，苏宁易购推出智慧零售商业模式，以"线上+线下"的全新模式，致力于提升线下门店的经营质量，不断升级消费品质。同时，线上业务也取得了战略性的突破，销售规模持续扩大。这一创新举措使企业的三大主流板块——零售、物流和金融——相互协同，为企业带来了前所未有的良好效应。随着利润的显著增长，苏宁易购的净资产收益率也呈现出明显的上升趋势，表明企业的盈利能力正在不断增强。然而，2019 年下半年以来，受整个大市场环境的影响，苏宁易购的净资产收益率出现了短暂的下滑。尽管如此，2020 年整个行业因线上零售行业的规模不断扩大，行业均值的净资产收益率也有所提升。

表 4-7　2016～2020 年苏宁易购及行业净资产收益率　　　　单位：%

指标＼年份	2016	2017	2018	2019	2020
苏宁易购	1.07	5.34	16.47	11.20	-5.56
行业平均水平	4.12	4.59	4.60	4.65	6.81

资料来源：笔者根据苏宁易购年报整理。

综上所述，2017 年，苏宁易购引领了新零售的风潮，推出了具有独创性的智慧零售模式。这一创新性的商业模式，不仅极大地提升了公司的运营效率，更塑造了苏宁易购在市场中的卓越形象。然而，2019 年以来，全球经济环境骤变，加之疫情的冲击，使得苏宁易购面临前所未有的挑战。2021 年，苏宁易购针对这些挑战，采取了果断的应对措施。这些应对措施包括剥离不良资产、优化运营流程、继续推动"线上+线下"的融合销售模式等。这些举措为苏宁易购在后疫情时代的持续发展提供了强大的动力。

三、营运能力分析

营运能力是指企业运用各种资产创造现金流量的能力，包括对内管理、对外投资、营销策略、成本控制等能力。营运能力的强弱，直接影响企业的盈利能力和可持续发展能力。因此，提高营运能力是每个企业都必须重视的问题。

衡量企业的营运能力，主要可以通过以下几个指标进行：

（一）总资产周转率

总资产周转率是企业一定时期的销售收入净额与平均资产总额的比值，它是考察企业资产运营效率的一项重要指标，反映了企业全部资产的管理质量和利用效率。

总资产周转率的计算公式为：总资产周转率＝销售收入总额/平均资产总额。这个指标越高，说明企业的销售能力越强，资产利用效率越高。通过对总资产周转率的分析，可以了解企业的资产运营状况，发现企业与同类企业在资产利用上的差距，促进企业挖掘潜力、积极创收、提高产品市场占有率、提高资产利用效率。

2015～2016年，由于大规模收购和兼并线下门店，导致苏宁易购总资产周转率呈现下滑趋势。此外，其还加大了对物流模块的投入。2017年，苏宁易购实施了重大的战略转变，使得企业的业务规模迅速扩大，收入也快速增长。因此，2017～2018年，苏宁易购的总资产周转率呈现出高于行业平均的增长趋势。然而，受宏观经济环境波动和电商零售冲击的影响，2019～2020年，苏宁易购的总资产周转率出现了短暂的下降趋势（见表4-8）。

表4-8　2015～2020年苏宁易购及行业总资产周转率　　　　单位：次

年份	2016	2017	2018	2019	2020
苏宁易购	1.32	1.28	1.37	1.23	1.12
行业平均水平	1.64	1.60	1.58	1.52	1.38

资料来源：笔者根据苏宁易购年报整理。

（二）存货周转率

存货周转率是一个重要的财务指标，它可以帮助我们了解企业的存货管理效率。存货周转率可以反映企业的销售速度和存货的流动性，从而帮助企业更好地规划生产和销售。

存货周转率的计算公式为：存货周转率＝营业成本/平均存货余额。其中，营业成本是指企业销售商品或提供劳务所获得的总收入减去销售成本，即营业利润；平均存货余额是指企业期末库存商品、原材料、在制品、产成品等存货的平均值。

存货周转率可以用来衡量企业的销售效率和存货管理水平。一般来说，存货周转率越高，说明企业的销售速度越快，存货的流动性越好，企业的资金使用效率越高；相反，存货周转率越低，说明企业的销售速度越慢，存货流动性越差，企业的资金使用效率越低。

企业可以通过提高销售速度、降低库存水平、优化采购策略等方式来提高存货周转率。例如，企业可以通过加强营销推广、提高产品质量和服务水平、优化销售渠道等方式来提高销售速度。同时，企业还可以通过采用先进的库存管理技术、实时监控库存水平、合理安排采购计划等方式来降低库存水平，提高存货周转率。

表4-9为2016~2020年苏宁易购及行业存货周转率。苏宁易购很早就意识到了供应链的重要性，并从2015年开始了一场旨在优化供应链管理和加强物流体系建设的改革。这些举措的目的是最大限度地提高存货周转率，确保企业在这方面的表现优于行业平均水平。2016年，苏宁易购的存货周转率接近行业平均水平，在随后的几年中，也呈现出缓慢增长的趋势，但在2019年突然出现了下滑的态势。这表明企业在供应链管理和物流体系建设方面仍有许多工作要做。为了应对这一挑战，企业需要积极融入新型科技，加速自身的转型，并采取措施来提高存货周转率，以确保其在这方面的表现能够重回行业平均水平。

（三）应收账款周转率

应收账款周转率是企业在一定时期内赊销净收入与平均应收账款余额之比，它是衡量企业应收账款流动程度的指标。这个指标可以帮助企业了解其

表4-9　2016~2020年苏宁易购及行业存货周转率　　单位：次/年

指标＼年份	2016	2017	2018	2019	2020
苏宁易购	8.96	9.80	10.20	9.38	8.80
行业平均水平	10.30	12.65	12.26	15.32	17.22

资料来源：笔者根据苏宁易购年报整理。

应收账款的回收速度和流动性，从而帮助企业做出更好的经营决策。通常来说，应收账款周转率越高越好，因为高周转率表明企业的收账迅速，账龄较短，资产流动性强，短期偿债能力强。这意味着企业的销售收入能够更快地转化为现金流，从而支持企业的日常运营和扩张。此外，高周转率还可以减少坏账损失，降低财务风险。然而，过高的应收账款周转率也可能会带来一些负面影响。例如，过快的收款速度可能会导致客户的不满和抱怨，因为这可能会给客户带来不便。此外，过高的应收账款周转率也可能会让企业错失一些长期合作的商业机会。因此，企业在保证应收账款周转率较高的同时，也要注意平衡商业机会和客户满意度。同时，对于不同行业和不同业务模式的企业来说，应收账款周转率的合理范围也会有所不同。因此，企业需要根据自身的特点和实际情况来制定相应的经营策略。

表4-10为2016~2020年苏宁易购及行业应收账款周转率。可以看出，苏宁易购的应收账款周转率总体呈现出下降趋势。这一现象的背后，隐藏着一些重要原因。2016年，苏宁易购决定与淘宝合作，在天猫平台上开设旗舰店。这本是一个扩大销售渠道的明智之举，然而，由于货款不能直接打入苏宁易购的账户，导致其应收账款持续增加。此外，与天猫合作的部分业务，如乐购仕（LAOX）公司的款项回流也遇到了阻碍，进一步加大了应收账款的压力。此外，苏宁易购在业务转型的过程中，销售规模不断扩大，为了满足市场需求，售后服务收入也随之增加。根据新的收入会计准则，这部分收入对应收账款和售后的维修费产生了积极的影响，然而，这也导致应收账款周转率的下降。

表 4-10 2016~2020 年苏宁易购及行业应收账款周转率 单位：次

指标 \ 年份	2016	2017	2018	2019	2020
苏宁易购	164.26	107.61	62.77	42.70	33.89
行业平均水平	265.14	227.90	258.41	218.74	102.82

资料来源：笔者根据苏宁易购年报整理。

在转型的关键时期，苏宁易购需要密切关注销售策略与财务管理的平衡。不仅要扩大销售规模，还要确保货款的及时回流。同时，对于新业务模式的探索和实践，也需要充分考虑财务状况的稳定性和持续性。

为了改善应收账款周转率，苏宁易购需要制定并执行有效的收款策略，这包括加强对应收账款的管理和催收，确保货款的及时回流。此外，对于新业务模式的风险和挑战，也需要进行深入的分析和研究，以制定应对策略。

从以上分析来看，2016~2020 年，苏宁易购的营运能力与同行业相比，表现出较大的不足。相比于自身的发展战略，苏宁易购的营运能力显然无法满足企业转型的需求。总资产、存货以及应收账款的周转率呈现逐年下降的趋势，即使有短暂的上升，也仅仅是微弱的反弹。尽管苏宁易购已经认识到转型的重要性，但在实践过程中，其所采取的措施并未能与行业发展趋势保持一致。虽然苏宁易购强调物流在转型中的重要性，但作为以销售零售为主业的企业，总资产周转率、存货周转率以及应收账款周转率下滑仍是企业亟待关注的问题。为了提高以上指标，企业需要更加努力地提升产品销售额，积极减少库存，加速产品周转，并提高资产的利用率。

四、偿债能力分析

偿债能力是指企业用其资产偿还长期债务与短期债务的能力。企业偿债能力是反映企业财务状况和经营能力的重要指标，偿债能力的强弱关乎企业生死存亡。偿债能力可以通过一些财务指标进行衡量，如流动比率、速动比率、现金比率、资产负债率等。

对于苏宁易购这样的电商企业来说，偿债能力尤为重要。由于其业务涉及大量的库存和应收账款等资产，如果偿债能力不足，可能会面临资金链断裂的风险。因此，苏宁易购需要密切关注自身的偿债能力指标，并采取相应的管理措施来提高偿债能力，保证企业的持续发展。

（一）流动比率及速动比率

流动比率和速动比率是衡量企业短期偿债能力的重要财务指标，它们能够帮助投资者和债权人了解企业的偿债能力和财务风险。

流动比率是流动资产与流动负债的比率，它反映了企业用流动资产偿还流动负债的能力。流动比率越高，说明企业有更多的流动资产来偿还短期债务，因此偿债能力越强。通常情况下，流动比率在 2 左右被认为是比较健康的指标，但不同行业和企业的流动比率可能会有所不同。

流动比率可以进一步分解为以下三个指标：第一，存货周转率。存货在流动资产中占比较大，因此存货的流动性对于流动比率的影响也较大。存货周转率越高，说明企业的存货变现能力越强，对流动比率的贡献也越大。第二，应收账款周转率。应收账款的回收情况也会影响流动比率，应收账款周转率越高，说明企业的应收账款回收能力越强，对流动比率的贡献也越大。第三，流动资产合计。除了存货和应收账款外，其他流动资产也会影响流动比率，如现金、短期投资、预付款项等都会对流动比率产生影响。

速动比率是速动资产与流动负债的比率，用于衡量企业在短期内快速偿还债务的能力。速动比率在 1 左右被认为是一个比较良好的指标，速动比率较高说明除存货外的流动资产水平较高，有助于企业快速偿还债务，从而减少短期偿债风险。

速动比率可以进一步分解为以下两个指标：第一，现金比率。现金及现金等价物是速动资产中变现能力最强的资产，因此现金比率对于衡量企业的短期偿债能力非常重要。现金比率越高，说明企业持有的现金及现金等价物越多，越能快速偿还短期债务。第二，应收账款周转率。除现金外，应收账款是速动资产中最重要的组成部分之一。应收账款周转率越高，说明企业的应收账款回收能力越强，对速动比率的贡献也越大。

综合分析流动比率和速动比率可以帮助投资者和债权人更好地了解企业的短期偿债能力和财务风险。同时，还需要结合其他财务指标和企业经营状况进行综合分析,以便更全面地评估企业的财务状况和经营绩效。

表4-11为2016~2020年苏宁易购及行业平均流动比率,表4-12为2016~2020年苏宁易购及行业平均速动比率。从数据上看,苏宁易购的发展较为稳定。

表4-11　2016~2020年苏宁易购及行业平均流动比率

指标 年份	2016	2017	2018	2019	2020
苏宁易购	1.34	1.37	1.41	1.00	0.86
行业平均水平	1.17	1.16	1.15	1.09	1.07

资料来源:笔者根据苏宁易购年报整理。

表4-12　2016~2020年苏宁易购及行业平均速动比率

指标 年份	2016	2017	2018	2019	2020
苏宁易购	1.11	1.08	1.17	0.78	0.67
行业平均水平	0.79	0.80	0.83	0.75	0.74

资料来源:笔者根据苏宁易购年报整理。

(二)资产负债率

资产负债率是衡量企业负债水平及风险程度的重要指标,它反映在总资产中有多大比例是通过借债筹资的方式取得的,可以用来衡量企业在清算时保护债权人利益的程度。这个指标是期末负债总额除以资产总额的百分比,也就是负债总额与资产总额的比例关系。

资产负债率的计算公式为:资产负债率=负债总额/资产总额×100%。对于债权人来说,这个指标越低越好,因为这样债权人的贷款安全性更有保障;对于企业的股东来说,这个指标高一些较好,有利于利用财务杠杆增加企业所有者的获利能力,但这个指标过高可能意味着企业的风险较大,因此需要权衡风险与收益。

一般来说,如果资产负债率达到100%或超过100%,说明企业已经没有净资产或者已经资不抵债。因此,资产负债率应保持在一定的水平上,以保持企业的稳健发展。

表4-13为2016~2020年苏宁易购及行业资产负债率。从表4-13中可以明显看出，2016~2017年，苏宁易购的资产负债率呈现明显的下降趋势。这一变化与该公司早期的O2O战略转型密切相关。这种转型帮助苏宁易购在竞争激烈的市场环境中找到了新的立足点。2018~2020年，苏宁易购的资产负债率开始急速上升，这无疑增加了企业的财务风险和运营压力。为了确保企业的可持续发展，苏宁易购迫切需要重新评估其资产配置策略，并采取有效的措施来降低资产负债率，以增强其财务稳定性和抵御市场风险的能力。

表4-13　2016~2020年苏宁易购及行业资产负债率　　　　单位：%

指标 ＼ 年份	2016	2017	2018	2019	2020
苏宁易购	49.02	46.83	55.78	63.21	63.77
行业平均水平	53.42	53.31	54.39	59.47	69.07

资料来源：笔者根据苏宁易购年报整理。

综上所述，通过对企业流动比率、速动比率以及资产负债率的深入剖析，我们可以清晰地看到，苏宁易购在前期短期偿债能力表现尚可。然而，在后续的两年内，由于企业出售了大量的非经常性投资资产，导致流动资产急剧减少，从而使短期偿债能力显著下降。

资产负债率方面，苏宁易购在过去的几年里凭借良好的经营状况使其资产负债率一直处于行业平均水平之下。这表明企业的长期偿债能力相对稳健。然而，2019年，随着企业规模的不断扩大，负债水平迅速上升，导致资产负债率大幅增加。幸运的是，2020年企业及时意识到了这一危机，通过果断抛售不良资产来填补负债，使得该项指标重新回落至行业平均水平。

总体而言，尽管苏宁易购在长期偿债能力方面存在一定的风险，但通过灵活调整经营策略和优化资产配置，企业仍然能够保持相对稳定的偿债能力。苏宁易购应持续严密监控资产负债率等财务指标并及时采取相应的措施，以确保其长期稳健发展。

第四节　数字经济对零售业发展产生市场效应分析

市场效应分析是指对市场整体变化对某个企业或品牌的影响进行评估和分析。它可以帮助企业了解市场趋势，预测市场变化，制定相应的市场策略，以及评估市场策略的效果。

市场效应分析主要包括以下几个方面：第一，市场占有率分析。市场占有率是评估企业在市场中竞争地位的重要指标。通过对市场占有率的计算和分析，企业可以了解自己在市场中的地位和影响力，同时也可以预测未来的市场趋势。第二，竞争格局分析。通过对市场竞争格局的分析，企业可以了解竞争对手的销售情况、市场份额、竞争优势等，从而制定出相应的竞争策略。第三，市场趋势分析。通过对市场趋势的分析，企业可以了解市场的整体变化趋势，预测未来的市场变化，同时也可以调整自己的市场策略，以适应市场的变化。第四，客户行为分析。通过对客户行为的调查和分析，企业可以了解客户的需求和偏好，从而制定出更加精准的市场策略，提高客户满意度和忠诚度。第五，营销策略效果评估。通过对营销策略实施前后的销售数据和市场反馈进行对比和分析，企业可以评估营销策略的效果，从而调整和优化自己的营销策略。

在市场效应分析过程中，企业需要收集和分析大量的市场数据和信息，包括行业报告、竞争对手分析、客户调查等。同时，企业还需要结合自身的实际情况和市场环境，制定相应的市场策略和措施，以适应市场的变化和需求。

市场效应分析是企业在市场竞争中取得优势的重要手段之一。通过科学的市场效应分析，企业可以更好地了解市场、把握机遇、规避风险，为企业的长期发展提供有力的支持和保障。

一、市场占有率

（一）定义

市场占有率是指一个公司的产品或服务在所有同类产品或服务中的销售量或销售额所占的比例。这个比例通常以百分比表示，反映了公司在市场中的竞争地位和影响力。

市场占有率是一个非常重要的指标，它可以反映公司在市场中的地位和影响力，也可以帮助公司了解市场的竞争格局和趋势。市场占有率的高低可以影响公司的盈利能力和未来发展，因此公司需要密切关注市场占有率的变化，并采取相应的措施来提高市场占有率或保持现有的市场占有率。

市场占有率的计算公式通常为：市场占有率=公司销售量/行业销售总量×100%。

（二）基本情况

根据市场研究公司艾瑞咨询发布的数据显示，截至2021年底，在中国电商市场中，淘宝、天猫、京东、拼多多和苏宁易购五大电商平台的份额占比超过80%。其中，淘宝和天猫的市场份额占比最高，分别为56.6%和19.6%，苏宁易购位列第三。

然而，需要注意的是，这些数据可能因不同的时间段、地区和市场定义而有所差异。此外，市场占有率也受到多种因素的影响，如竞争对手的策略、市场趋势、消费者需求等。因此，对于苏宁易购来说，要保持稳定的市场份额并不断提高其市场地位，需要密切关注市场动态并采取相应的策略。

从竞争格局来看，淘宝和天猫作为中国电商市场的巨头，占据了相当大的市场份额。然而，苏宁易购通过其强大的线下门店网络和物流体系，以及线上线下融合的策略，成功地在电商市场中占据了一席之地。此外，苏宁易购还通过多元化经营策略，涉足多个领域，进一步扩大了其市场份额。

从品牌影响力和信誉度来看，苏宁易购作为中国电商行业的老牌企业，已经在消费者心中树立了良好的形象。这使得苏宁易购在市场中的竞争力得到了一定的提升。然而，面对激烈的市场竞争和不断变化的市场环境，苏宁易购仍需不断创新和提升服务质量，以保持其市场地位并吸引更多的消费者。

总的来说，苏宁易购作为中国电商市场的重要参与者，其市场占有率的变化反映了中国电商市场的整体竞争格局和发展趋势。面对激烈的市场竞争和不断变化的市场环境，苏宁易购需要不断创新和提升服务质量，以保持其市场地位并吸引更多的消费者。

（三）苏宁易购与京东对比

苏宁易购和京东都是中国知名的电商平台，它们各有优势，具体比较如下：

1. 商品种类与品质

苏宁易购的商品种类相对丰富，覆盖了家电、数码、家居等大件商品。根据艾瑞咨询的数据，2021 年苏宁易购的最小存货单位 SKU，数量超过 500万，并且拥有较多的自有品牌。其家电和数码产品的品质较高，但家居用品等小件商品相对较少。

京东商城的商品种类同样丰富，且更加注重日用品、服装、食品等小件商品的提供。根据艾瑞咨询的数据，2021 年京东的 SKU 数量超过 3000 万，并且京东在自营商品上把控严格，确保了商品的正品质量。

2. 价格与促销活动

根据艾瑞咨询的数据，2021 年苏宁易购的客单价为 947.3 元，而京东的客单价为 844.5 元。这表明苏宁易购的商品价格相对较高。虽然苏宁易购也推出一些特价商品和满减优惠活动，但总体来说价格竞争力相对较弱。京东商城的价格相对较低，且经常有各种优惠券、秒杀活动等促销活动。根据艾瑞咨询的数据，2021 年京东的促销活动数量超过 10 万个，这使得京东在价格上具有较高的竞争力。同时，京东通过自营仓储和物流体系控制成本，以实现更低的价格。

3. 物流与配送

根据艾瑞咨询的数据，2021 年苏宁易购的自营物流覆盖城市超过 300个，其依托于线下门店网络，在配送效率上有一定优势。同时，它也提供多种快递方式供消费者选择。

京东商城拥有自己的物流系统，覆盖全国各地，并提供了多种快递方式供消费者选择。根据艾瑞咨询的数据，2021 年京东的自营物流覆盖城市超过 500 个，其配送速度和效率在行业内较为领先。

4. 售后服务

根据艾瑞咨询的数据，2021 年苏宁易购的售后服务满意度为 79.8 分（满分为 100 分），京东的售后服务满意度为 83.9 分。这表明京东在售后服务方面略胜一筹。同时，苏宁易购注重提供全方位的售后服务，包括安装、维修等，让消费者购物更加放心。

京东商城以"无忧售后"为核心理念，提供了 7 天无理由退货、15 天换货保障等政策，让消费者购物更加放心。根据艾瑞咨询的数据，2021 年京东的用户满意度为 86.8 分（满分为 100 分），这表明京东在用户满意度方面具有较高的表现。

总结来说，苏宁易购和京东商城各有优势。虽然苏宁易购在商品种类、售后服务等方面表现较好，但京东在价格、物流和售后服务等方面具有较高的竞争力。消费者可以根据自己的需求选择合适的平台进行购物。

二、股票市值

图 4-1 为苏宁易购 2018~2023 年的股价。由图 4-1 可以看出，苏宁易购近年股价基本处于下降的趋势。

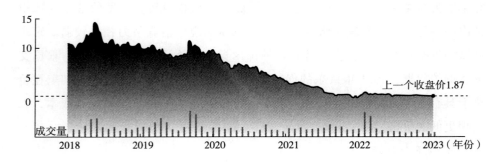

图 4-1　苏宁易购 2018~2023 年的股价

苏宁易购股价下降的原因主要有以下几点：第一，股东减持。2021 年 6 月，苏宁易购第一大股东、控股股东、实际控制人张近东将所持有本公司的部分股份被冻结，随后苏宁电器集团也因部分股票质押式回购交易触发协议相关条款而被动减持。这些股东的减持行为使得苏宁易购的股权结构发生变化，也对公司的股价产生了负面影响。第二，公司经营状况不佳。一方面，电商行业的竞争日益激烈，苏宁易购的市场地位受到影响；另一方面，公司的销售收入和净利润均有所下降，财务状况不稳定。这些因素都可能导致投资者对苏宁易购的未来发展前景持谨慎态度，进而影响其股价。第三，投资者信心不足。由于苏宁易购的股价下跌，投资者对公司的信任度降低，对未来的预期也变得更加悲观。这种情绪可能会进一步推动股价的下跌。第四，市场环境变化。除了公司自身因素外，市场环境的变化也可能对苏宁易购的股价产生影响。例如，宏观经济环境的变化、政策法规的调整等都可能对股市产生影响。

　　总之，苏宁易购股价下降的原因是多方面的，包括公司内部因素和外部因素。投资者在进行投资决策时需要对这些因素进行全面的分析和评估。

第五章　促进我国数字经济和零售业高质量发展的对策建议

第一节　强化零售业转型过程中运营资金管理

一、存在的问题

零售业转型中的运营资金管理问题是一个具有挑战性的问题，它涉及企业的各个方面，包括战略规划、采购、库存、配送、销售等。具体而言有以下这些方面：

（一）运营资金使用效率低下

在零售业转型过程中，往往会过于关注规模扩张和市场份额的增长，而忽视了资金的使用效率。这会导致企业在运营过程中缺乏精细化的资金管理，进而导致资金使用效率低下。例如，企业在扩张过程中可能会盲目地增加库存，而没有考虑到市场需求和销售情况，这会导致资金被无效地占用。此外，企业在采购、库存、配送等环节中缺乏有效的成本控制和优化策略，也会导致成本过高，进一步影响资金的使用效率。

（二）供应商关系管理不善

在零售业转型过程中，供应商关系管理是运营资金管理的重要一环。然而，许多企业在这方面存在不足：其一，企业与供应商之间的合作关系不够紧密，缺乏互信和合作共赢的意识。这会导致企业在采购过程中缺乏议价能力，无法获得更好的采购价格。其二，企业与供应商之间信息不对称，导致企业无法及时掌握供应商的生产和库存情况，进而影响企业的运营资金管理。

（三）库存和配送管理不科学

在零售业转型过程中，库存和配送管理对于企业的运营资金管理具有重要影响。然而，许多企业在这些方面存在不足：其一，企业缺乏科学的库存管理策略，导致库存积压或缺货现象。这不仅会影响企业的销售和客户满意度，还会导致企业承担额外的库存成本和风险。其二，企业的配送效率低下，无法满足市场需求。这会导致企业错过销售机会，进而影响企业的营收和现金流。

（四）缺乏有效的营运资金管理策略

在零售业转型过程中，制定有效的营运资金管理策略是保障企业长远发展的关键。然而，许多企业缺乏这方面的能力：其一，企业缺乏对营运资金管理的整体规划和战略意识。这导致企业在运营过程中缺乏明确的资金管理目标和计划，进而导致资金使用效率低下和风险增加。其二，企业缺乏对营运资金使用的风险管理和控制能力。这导致企业在运营过程中容易遭受资金损失和财务风险。其三，企业缺乏对营运资金管理的数字化手段和智能化工具的应用能力。这导致企业在运营过程中无法实现实时监控和优化，进而影响企业的竞争力。

（五）缺乏数字化运营资金管理手段

在数字化时代，利用数字化手段进行运营资金管理是提高企业竞争力的关键。然而，许多零售企业在这方面存在不足：其一，企业缺乏对数字化运营资金管理的重视和投入。这导致企业在运营过程中无法充分发挥数字化手段的优势和潜力。其二，企业缺乏专业的数字化运营资金管理人才和团队。这导致企业在数字化转型过程中缺乏必要的人才支持和技术保障。其三，企业缺乏对数字化运营资金管理的安全保障措施和风险防范意识。这导致企业在数字化转型过程中容易遭受网络安全风险和数据泄露等威胁。

二、对策建议

为了解决这些问题，企业需要从整体层面考虑其流动性与安全性，制定完善的营运资金管理策略，并结合数字化手段提高运营资金的使用效率和管理水平。具体而言企业可以采取以下措施：

（一）加强精细化运营管理

企业应该加强运营过程中的成本控制，通过制订合理的采购计划、库存策略和配送路线等措施来降低成本提高资金使用效率。例如，可以通过分析销售数据和市场需求，来制订合理的采购计划，避免过度采购和库存积压。同时，可以通过优化配送路线和提高配送效率，来降低配送成本和提高服务质量，进而提高客户满意度和市场占有率。

（二）建立紧密的供应商合作关系

企业应该积极与供应商建立紧密的合作关系，通过建立互信机制和加强信息共享等方式，来提高采购效率和降低成本。同时，可以通过联合营销等，来扩大销售渠道和市场占有率，进一步增强自身的竞争力。

（三）实施科学的库存和配送管理

企业应该建立科学的库存管理策略，通过实时监控库存水平和市场需求等方式，来避免库存积压或缺货现象的发生。例如，可以通过采用先进的库存管理软件和智能化设备，实时监控库存水平，及时调整采购计划和库存策略，避免库存积压或缺货现象的发生。同时，可以通过采用先进的配送技术和设备来提高配送效率和服务质量，进而提高客户满意度和市场占有率。

（四）制定有效的营运资金管理策略

企业应加强对营运资金管理的整体规划和战略意识，通过制定明确的资金管理目标和计划来提高资金使用效率和管理水平。同时，可以通过加强对营运资金使用的风险管理和控制能力，来降低财务风险和提高抗风险能力。此外，还可以通过引进数字化手段和智能化工具等方式优化营运资金管理流程和提高管理效率，进而提高企业的竞争力。例如，可以通过制定明确的资金管理目标和计划定期对营运资金的使用情况进行审计和评估，制定相应的风险管理和控制措施。同时，引进数字化手段和智能化工具来优化营运资金管理流程，如通过使用智能化的财务软件和数据分析工具来提高资金使用效率和管理水平。

（五）加强数字化运营资金管理手段

企业应该加强对数字化运营资金管理的重视和投入，通过引进先进的数字化工具和智能化设备来提高运营资金的使用效率和管理水平。例如，企业可以通过使用数字化的采购平台和智能化库存管理系统来优化采购和库存管理流程，同时可以通过使用数字化的财务系统和风险预警系统来提高资金使用效率和管理水平。此外，企业还应该加强网络安全保障措施和风险防范意识，如通过建立完善的网络安全管理制度和数据备份机制来保障数字化运营资金管理的安全性和可靠性。

总之，强化零售业过程转型中的运营资金管理问题需要从多个方面入手，包括加强精细化运营管理、建立紧密的供应商合作关系、实施科学的库存和配送管理、制定有效的营运资金管理策略以及加强数字化运营资金管理手段等。只有全面提升运营资金的管理水平，才能更好地应对零售业转型过程中的挑战，实现企业的可持续发展。

第二节 提升主业地位及其盈利质量

一、存在的问题

在数字经济时代，零售业在提升主业地位及其盈利质量方面存在以下问题：

（一）数字化转型的深度和广度不足

尽管许多零售企业已经开始了数字化转型，但是在转型的深度和广度上仍然存在不足。一些企业可能只是简单地引入了线上销售渠道，而没有充分利用数字技术对业务流程进行全面优化。例如，这些企业可能只是搭建了一个电子商务平台，但并没有将线上和线下的业务进行深度融合，导致无法充分发挥线上和线下的协同效应。同时，数字化转型需要企业从上到下全员参与，但很多企业在这方面还存在差距，员工的数字化思维和技能还需要进一步提升。

（二）消费者体验和服务质量不够优化

随着消费者对购物体验和服务质量的要求越来越高，零售企业需要不断提升和完善自己的服务质量。然而，一些零售企业在客户服务、商品配送、售后服务等方面还存在诸多问题。例如，在客户服务方面，企业可能没有提供 24 小时在线的客服服务，导致消费者在购物过程中无法及时获得帮助。在商品配送方面，存在配送时间过长、配送人员服务态度不好等问题。在售后服务方面，一些企业可能没有提供退换货服务或者退换货流程过于烦琐，这也影响了消费者的购物体验。

（三）数据安全和隐私保护意识不强

随着零售业数字化程度的提高，数据泄露和隐私侵犯的风险也随之增加。一些零售企业在数据安全和隐私保护方面存在意识不强的问题，缺乏有效的数据安全管理和隐私保护措施。例如，企业可能没有采用足够安全的数据加密技术来保护消费者的个人信息，或者没有制定完善的数据访问权限管理制度，员工的违规操作可能导致数据泄露和隐私侵犯。这些问题不仅会损害消费者的利益和信任度，也会给企业带来严重的法律风险和信任危机。

（四）供应链管理和成本控制能力有待提高

在数字经济时代，供应链的效率和透明度对零售企业的盈利质量至关重要。一些零售企业在供应链管理方面存在能力不足的问题。例如，在供应商关系管理方面，企业可能没有建立稳定的供应商合作关系，导致供货不稳定或者采购成本过高。在物流管理方面，物流网络不够优化、物流信息不透明等问题也会导致配送成本过高和配送效率低下。在库存管理方面，缺乏科学的需求预测和库存计划可能导致库存积压或缺货现象的发生，不仅会影响企业的销售业绩，也会增加企业的库存成本。这些问题都会导致成本上升、效率低下，从而直接影响企业的盈利质量。

（五）缺乏数字化人才

数字经济时代需要大量的数字化人才，包括数据分析师、数据科学家、人工智能专家等。这些人才将帮助企业更好地利用数字技术优化业务流程，提升市场竞争力。一些零售企业在数字化人才方面存在严重不足，它们可能缺乏足够的资金和资源吸引和培养高技能人才，或者缺乏正确的战略规划来引导和支持数字化转型，这会限制企业的创新能力和市场竞争力，从而影响其在数字经济时代的生存和发展。同时，数字化人才的短缺也会导致企业在数字化转型过程中缺乏必要的技术支持和指导，进一步影响数字化转型的效果。

二、对策建议

（一）深化数字化转型

零售企业需要全面深入地推进数字化转型，不仅仅局限于引入线上销售渠道，更应通过数字化技术优化业务流程和管理模式，实现线上线下融合的全渠道销售。同时，加强与供应商的数据共享和协同作业，提高供应链的透明度和效率。另外，还可以通过大数据分析消费者行为和购买习惯，为企业制定更加精准的营销策略，并为产品开发提供有力支持。

（二）优化消费者体验和服务质量

零售企业应提供 24 小时在线的智能客服服务，快速响应消费者咨询。同时，建立完善的售后服务体系，包括退换货流程、投诉处理等，为消费者提供贴心和便捷的服务。此外，还可以通过社交媒体、短视频等新媒体渠道拓展多元化的销售渠道和互动方式，满足消费者的多元化需求。

（三）加强数据安全和隐私保护

零售企业应采用先进的数据加密技术和安全防护措施，保护消费者的个人信息和交易数据不被泄露。同时，建立完善的数据访问权限管理制度，避免员工违规操作导致的风险。此外，还应加强与第三方数据安全机构的合作，定期进行数据安全漏洞检测和修复，保障企业和消费者的信息安全。

（四）提高供应链管理和成本控制能力

零售企业应优化供应商关系，通过建立稳定的战略合作关系实现供需平衡和成本优化。同时，运用大数据分析和人工智能技术对物流网络进行优化设计，减少中间环节和物流成本，提高物流效率和准确性。此外，还可以通过智能化的库存管理系统进行科学的需求预测和库存计划，有效控制库存水平，减少积压和缺货现象，从而降低库存成本和提高盈利质量。

（五）引进和培养数字化人才

零售企业应积极引进和培养数字化人才，包括数据分析师、数据科学家、人工智能专家等，通过提供良好的工作环境和福利待遇，吸引和留住这些高技能人才。同时，制订完善的培训计划和职业发展路径，建设企业内部的数字化人才队伍，并与高校和研究机构合作共同培养和输送数字化人才，以满足企业在数字经济时代的快速发展需求。

除了以上建议，零售企业还可以通过创新商业模式和加强合作等方式提升主业地位及其盈利质量。例如，通过社交电商、直播带货等新型模式拓展销售渠道提高销售额；与金融机构合作开发新型的支付和信贷产品，为消费者提供更加便捷的金融服务；与互联网公司合作，借助其技术和流量优势拓展海外市场，提高品牌知名度和市场份额。

第三节　提高市场占有率

一、存在的问题

（一）电子商务的冲击

在互联网、物联网和数字化技术持续发展成熟的影响下，国内零售行业面临来自电商发展的剧烈冲击。特别是从 2019 年开始，我国特殊的市场环境使得线下零售行业的生存空间被进一步压缩。在智能移动终端和 4G 技术全面普及、5G 技术逐渐推广的背景下，网络购物成为消费者的主要消费习惯。据统计，我国线上交易规模持续扩张，网络零售市场消费总额稳居全球首位。国家统计局发布的数据显示，我国电商线上交易规模从 2016 年的 26.1 万亿元增长到 2020 年的 37.2 万亿元。中商产业研究院发布的相关数据显示，2022 年我国电商交易规模达到 42.93 万亿元，电商物流体系下沉覆盖范围进一步拓宽，我国电子商务市场规模保持持续增长的趋势。

网络购物不仅是电子商务和零售行业线上发展的重要分支，也是数字经济业态的全新代表。目前，我国网络交易规模持续快速增长。线上购物的商品种类已不仅仅限于日常生活用品，海鲜食品、家庭护理以及远程医疗等都已成为在线消费的主要内容。同时，网络购物平台为了刺激消费者的购买欲望，会在"6·18""双11""双12"等各种促销节发放优惠券或提供商品折扣，消费者足不出户即可享受各种高质量产品及物流服务。这些因素导致传统零售行业发展面临严重冲击。

（二）经营模式变革较慢

中国零售行业的发展现状表明，其整体经营模式明显落后，并且缺乏多样化的竞争策略。实体店仍然是零售企业主要的产品销售渠道，但实体店的选址对零售企业的经营成果和盈利能力具有重大影响。因此，零售企业需要在全面分析目标市场的基础上，科学合理地进行实体店选址，以确保获得持续的经营成功和可观的盈利水平。

对于大型超市和知名品牌商家而言，由于投资规模巨大，它们更加关注实体店的选址决策。这是因为选址不仅关乎店铺的客流量和销售额，还与企业的长期发展和品牌形象塑造密切相关。

传统零售业在发展过程中面临着高昂的线下实体店租金成本压力。特别是在繁华市中心周边地区，尽管人流量较大，但店铺租金价格却异常高昂。相比之下，郊区的消费能力相对较弱，但租金成本较低。一些连锁零售店选择在稍偏远的地区开业，通过价格策略吸引更多的消费者。然而，这种策略也存在着一定的经营风险和财务风险。

传统零售业在运营过程中需要支付大量的电费、员工工资等成本，导致经营成本居高不下。这些成本最终转嫁到商品价格上，使消费者承担更高的购物成本。此外，传统零售业的营业时间和地点相对固定，限制了消费者的购物时间。在快节奏的现代生活中，这种限制使得线上销售平台成为越来越多消费者的首选购物渠道。

（三）信息流通性和消费群体存在的问题

传统零售业一直以来都将实体店作为产品销售的主要渠道，然而实体店的面积限制了产品和服务的种类和数量，从而限制了销售的规模。这种模式虽然能够为消费者提供亲身体验和直接接触商品的机会，但是也面临着诸多限制。其一，实体店的面积和库存有限，无法展示和销售大量的产品和服务，使得消费者在购物时只能选择有限的产品和服务种类。相比之下，在线购物平台能够提供海量的产品和服务，消费者可以根据个人喜好和需求选择心仪的商品和服务。其二，实体店的信息传播范围有限，主要限制于店址周边地区的人群。而在线购物平台可以利用互联网的广泛覆盖面，吸引来自全国乃至全球的消费者。这种地域优势使得在线购物平台能够提供更加广阔的市场空间，满足不同地区消费者的需求。

此外，在线购物平台的信息可有效保留，为消费者的二次购买提供了便利。消费者可以在之前的购物记录和评价中查找和比较商品信息，省去了重新搜索和比较的时间和精力。同时，商家在网络平台上开展的促销活动能够快速激活消费者的购买欲望，这也是传统零售业实体店所无法比拟的优势之一。

尽管如此，我国传统零售业的消费群体相对单一，主要集中在实体店周边的居民。这种单一化的消费群体限制了零售行业的利润水平和发展空间。随着网络技术的不断发展，传统零售业的中老年消费群体也开始接触网络购物，出现了明显的消费者分流现象。因此，传统零售业需要积极转型和创新，以适应新的市场环境和消费需求。

二、对策建议

（一）积极推动零售业的数字化和数字产业化之间的深度融合发展

在当前的数字化大背景下，零售行业的转型和发展必须与数字化技术紧密结合，这是行业发展的必然趋势。实际上，数字零售和数字产业之间存在着密切的联系，它们相互促进、相互影响。

数字产业是一个宽泛的概念，它可以被细分为产业数字化和数字产业化两个主要方向。零售行业的数字化转型属于产业数字化的发展范畴，同时，它也与数字产业化的运行和发展有着紧密的联系。

产业数字化是指运用数字技术对传统产业进行全面改造和升级，使其在生产、经营等核心环节实现全面的数字化转型。线上教育、线上医疗等产业是产业数字化发展的典型代表。教育、医疗等产业通常采取线下经营模式，但随着数字化技术的不断进步和发展，它们逐渐采取了线上线下结合的发展模式，突破了时间和空间的限制，实现了更加灵活、更加便捷的服务。

数字产业化则是以数据和数字技术为核心，形成了一个全新的产业。其中，人们最为熟悉的信息技术产业、移动通信产业是数字产业化发展的基础和重要组成部分。未来，我国零售行业的数字化转型发展必须以产业网络化和智能化为核心，积极应用现代信息技术成果，推动工厂、零售门店等与互联网、大数据、人工智能等技术的深度融合。

在零售业数字化与数字产业化融合发展的过程中，零售业的商业模式呈现出明显的多元化发展趋势。例如，盒马鲜生这种全新的零售业态就是利用数字技术实现了选址、选品以及物流等多个环节的技术创新，使得以新零售为代表的商业模式能够逐渐转型升级，朝着更简洁、更智能的方向发展。

同时，数字化技术的融合应用也意味着零售行业能够与社交工作紧密结合，从之前的精准搜索模式逐渐转变为智能推荐模式。例如，拼多多作为我国境内较为知名的电商平台，部分生产商在企业生产线上安装了摄像头，用户可以通过平台直播实时观看产品的生产过程，这一举措不仅弥补了之前企业自营品牌知名度较低的发展劣势，还通过直观的产品展示和透明的生产过程提高了消费者对产品的信任度和满意度。拼多多凭借数字化技术，能够帮助知名度较低的企业寻找到目标消费客户群体，为产品的定制化生产奠定了坚实的基础，并能有效压缩生产成本。

此外，数字化技术的应用还推动了零售行业销售渠道和销售方式的多元化发展。传统的实体店销售模式逐渐与线上销售模式进行融合，形成了线上线下相结合的销售模式。消费者既可以通过线上平台进行购物，也可以到实体店进行体验和购买。这种多元化的销售模式为消费者提供了更多的选择和便利，也为零售企业带来了更多的销售机会和利润来源。

（二）营销模式的积极革新

在数字化浪潮的推动下，零售产业正经历着转型升级的关键时期。这种转型不仅涉及技术的革新，更涉及经营模式的创新和消费者需求的深度挖掘。

其中，线上和线下购物的融合发展成为零售业未来发展的重要趋势。

传统零售业主要以实体店为主，通过线下销售产品，并为消费者提供各种服务。然而，在数字化时代，线上购物平台的兴起使得消费者可以更加便捷地获取商品信息、进行价格比较、完成购买过程。传统零售业需要适应这种变化，将线上和线下销售有机地结合起来，以提供更加全面、多元化的服务。

其一，零售企业需要重视线上和线下的融合发展。通过线上平台的搭建，可以吸引更多的消费者，并拓展销售渠道。同时，线下实体店也需要保持其独特的优势，如提供优质的售后服务、营造良好的购物体验等。因此，零售企业需要充分发挥线上和线下的优势，以相互补充，形成合力。

其二，零售企业需要注重提高服务质量。无论是线上还是线下，都需要以消费者为中心，提供优质的产品和服务。例如，可以通过岗前培训提高员工的业务素质和服务水平，营造轻松、愉快的购物环境以增强消费者的购买欲望，以及提供便捷的售后服务以增加消费者的忠诚度。

此外，零售企业还需要积极利用数字化技术推动营销模式的创新。例如，利用大数据分析消费者的购买行为和喜好，以便为他们提供更加个性化的产品和服务；通过社交媒体等线上平台进行精准营销；利用 AR／VR 等技术提供沉浸式的购物体验等。

其三，零售企业需要关注年轻消费群体的需求和特点。随着消费结构的升级和年轻消费群体的崛起，他们对购物方式和产品品质的要求越来越高。因此，零售企业需要转变经营思维，以年轻消费群体为核心，提供更加多元化、个性化的购物方式和服务。例如，可以通过线下体验、线上下单的方式满足他们对于产品的了解和购买需求；通过提供便捷的退换货服务以及优质的售后服务赢得他们的信任度和忠诚度。

总之，在数字化背景下，零售企业需要适应市场变化和消费者需求的变化，通过线上和线下购物的融合发展、提高服务质量、创新营销模式以及关注年轻消费群体需求等措施来推动转型升级。只有这样，才能在激烈的市场竞争中保持领先地位并实现持续发展。

（三）建立完善的供应链、全链路经营分析及物流系统

在数字化背景下，零售行业的转型发展需要全面整合线上和线下渠道，并进行深度的供应链调整。当前，数字化技术和互联网技术已经从根本上改变了人们的消费和生活方式。传统零售行业及其企业需要从产品的采购、管理、销售等方面进行信息化升级和管理，同时实现企业货物流和资金流的全面可视化，并对供应链条进行全面的调整。

从某种程度上看，数字化背景下零售业转型升级的核心是从之前的业务数据化形式转变为数据业务化形式，确保产品数据能够实现高效流转，从之前的人找数据转变为数据找人。在转型发展的过程中，零售企业需要应用数字化技术，建立全链路经营分析系统。例如，线下实体店可以在每日关店后使用企业微信、钉钉等方式推送当日的日报，门店店长可以在下班前进行当日总结并提出相应的整改策略。

现有的消费者群体对产品的物流速度和质量的要求日益苛刻，这使得传统零售业必须进行物流体系的彻底改造和升级，以确保满足消费者需求并提升客户满意度。尤其是对于那些以生鲜产品为主要经营品类的企业来说，完善物流体系至关重要。此外，考虑到线上业务售后服务的多样性，企业必须不断调整和优化线上服务体系，以获得积极的客户评价。同时，线上销售和线下实体店销售需要协调一致，确保提供一致的购物体验。

为了满足这些需求，企业需要逐步建立并完善自身的物流体系。这需要结合传统运输业和信息技术的最新成果，根据企业的业务经营状况构建高效、专属的物流系统。同时，企业还需要对各个环节可能出现的风险进行全面管理和控制，以推动物流运输流程的透明化、规范化发展。例如，京东商城在发展过程中成功打造了一套高效、专属的物流体系，为消费者提供了便捷的购物和售后服务，从而提升了客户满意度和企业的盈利能力。

考虑到我国大部分零售企业的经济实力相对较弱，可以采取与第三方物流企业建立战略合作的方式，降低运营成本、提高物流效率，确保客户满意度的提升。这种合作模式可以促进零售企业专注于自身的核心业务，而将物流和配送等环节外包给专业的第三方物流企业，实现资源的优化配置和互利共赢。

参考文献

［1］ Abrardi L, Cambini C. Incentivizing Self-Control Efort ［J］. Journal of Economic Behavior and Organization, 2019, 164 （8）: 13-30.

［2］ Acemoglu D, Restrepo P. Artificial Intelligence, Automation and Work ［R］. NBER Working Paper, 2018.

［3］ Acemoglu D, Restrepo P. Automation and New Tasks: How Technology Displaces and Reinstates Labor ［J］. Journal of Economic Perspectives, 2019, 33 （2）: 3-20.

［4］ Acemoglu D, Restrepo P. Demographics and Automation ［R］. NBER Working Paper, 2018.

［5］ Acemoglu D, Restrepo P. Secular Stagnation? The Effect of Aging on Economic Growth in the Age of Automation ［J］. American Economic Review, 2017, 107 （5）: 174-179.

［6］ Acemoglu D, Restrepo P. The Race Between Man and Machine: Implications of Technology for Growth, Factor Shares, and Employment ［J］. American Economic Review, 2018, 108 （6）: 1488-1542.

［7］ Acemoglu D. Directed Technical Change ［J］. The Review of Economic Studies, 2002, 69 （4）: 781-809.

［8］ Ackerberg D, Caves K, Frazer G. Structural Identification of Production Functions ［R］. MPRA Paper No. 38349, 2006.

［9］ Aghion P, Antonin C, Bunel S. The Power of Creative Destruction: Economic Upheaval and the Wealth of Nations [M]. Boston: Belknap Press, 2021.

[10] Aghion P, Howitt P. The Economics of Growth [M]. Cambridge: MIT Press, 2009.

[11] Aghion P, Jones B F, Jones C I. Artificial Intelligence and Economic Growth [R]. NBER Working Papers, 2018.

[12] Alloway T. Goldman: How "Grand Theft Auto" Explains One of the Biggest Mysteries of the U. S. Economy [EB/OL]. (2015-05-26) [2022-02-25]. http://www. bloomberg. com/news/articles/2015 - 05 - 26/goldman how grand theft auto explains one of the biggest mysteries of the us economy.

[13] Australian Bureau of Statistics. Australian National Accounts: Information and Communication Technology Satellite Account [R]. ABS, 2006.

[14] Australian Bureau of Statistics. Measuring Digital Activities in the Australian Economy [EB/OL]. https//www. abs. gov. au/websitedbs/D3310114nsfhom e/ABS Chief Economist Full Paper of Measuring Digital Activities in the Australian Economy, 2019.

[15] Autor D, Dorn D. The Growth of Low Skill Service Jobs and the Polarization of the US Labor Market [J]. American Economic Review, 2013, 103 (5): 1553-1597.

[16] Baily B, Chakrabarti A K. Innovation and the Productivity Crisis [M]. Washington D. C. : Brookings Institution, 1988.

[17] Barefoot B, Curtis D, Jolliff W, et al. Defining and Measuring the Digital Economy [R]. BEA Working Paper, 2018.

[18] Bauer J. The Internet and Income Inequality: Socio-Economic Challenges in a Hyperconnected Society [J]. Telecommunications Policy, 2018, 42 (4): 333-343.

[19] BEA. Measuring the Digital Economy: An Update Incorporating Data from the 2018 Comprehensive Update of the Industry Economic Accounts [EB/OL]. (2019-04-11) [2022-02-25]. https: //www. bea. gov/system/files/2019-04/digital-economy-report-update.

［20］Begenau J, Farboodi M, Veldkamp L. Big Data in Finance and the Growth of Large Firms ［J］. Journal of Monetary Economics, 2018, 97 (8): 71-87.

［21］Bertschek I, Niebel T. Mobile and More Productive? Firm-Level Evidence on the Productivity Effects of Mobile Internet Use ［J］. Telecommunications Policy, 2016, 40 (9): 888-898.

［22］Bhattacharya U, Hsu P, Tian X, et al. What Affects Innovation More: Policy or Policy Uncertainty? ［J］. Journal of Financial & Quantitative Analysis, 2017, 52 (5): 1869-1901.

［23］Bloom N, Sadun R, Van Reenen J. Americans Do IT Better: US Multinationals and the Productivity Miracle ［J］. American Economic Review, 2012, 102 (1): 167-201.

［24］Bloom N, Sadun R, Van Reenen J. The Organization of Firms Across Countries ［J］. Quarterly Journal of Economics, 2012, 127 (4): 1663-1705.

［25］Brandt L, Biesebroeck J V, Zhang Y. Creative Accounting or Creative Destruction? Firm Level Productivity Growth in Chinese Manufacturing ［J］. Journal of Development Economics, 2012, 97 (2): 339-351.

［26］British Computer Society. The Digital Economy ［EB/OL］. (2014-02-20) ［2022-02-25］. https: //policy. bcs. org/sites/policy. bcs. org/files/digital% 20economy%20Final%20version_0. pdf.

［27］Brynjolfsson E, Collis A, Diewert W E, et al. GDP-B: Accounting for the Value of New and Free Goods in the Digital Economy ［R］. NBER Working Papers, 2019.

［28］Brynjolfsson E, Hitt L M. Beyond Computation: Information Technology, Organizational Transformation and Business Performance ［J］. Journal of Economic Perspectives, 2000, 14 (4): 23-48.

［29］Brynjolfsson E, Mlitchell T. What Can Machine Learning Do? Workforce Implications ［J］. Science, 2017, 358 (6370): 1530-1534.

［30］Brynjolfsson E, Saunders A. Wired for Innovation: How Information Technology is Reshaping the Economy ［M］. Cambridge: The MIT Press, 2010.

[31] Bukht R, Heeks R. Defining, Conceptualising and Measuring the Digital Economy [R]. Development Informatics Working Papers 68, 2017.

[32] Carlsson B. The Digital Economy: What is New and What is Not? [J]. Structural Change and Economic Dynamics, 2004, 15 (3): 245-264.

[33] Chaffey D, Ellis-Chadwick F, Mayer R, et al. Internet Marketing: Strategy, Implementation and Practice [M]. London: Pearson Education, Ltd., 2009.

[34] Curran C S, Leker J. Patent Indicators for Monitoring Convergence-Examples from NFF and ICT [J]. Technological Forecasting and Social Change, 2011, 78 (2): 256-273.

[35] Czerich N, Falck O, Kretschmer T, et al. Broadband Infrastructure and Economic Growth [J]. Munich Reprints in Economics, 2011, 121 (552): 505-532.

[36] Damioli G, Roy V V, Vertesy D. The Impact of Artificial Intelligence on Labor Productivity [J]. Eurasian Economic Review, 2021, 11 (2): 1-25.

[37] David P A. The Dynamo and the Computer: An Historical Perspective on the Modern Productivity Paradox [J]. American Economic Review, 1990, 80 (2): 355-361.

[38] Donaldson D, Hornbeck R. Railroads and American Economic Growth: A "Market Access" Approach [J]. The Quarterly Journal of Economics, 2016, 131 (2): 799-858.

[39] Dosi G. Technological Paradigms and Technological Trajectories: A Suggested Interpretation of the Determinants and Directions of Technical Change [J]. Research Policy, 1982, 11 (3): 147-162.

[40] Dubé J P, Misra S. Personalized Pricing and Consumer Welfare [R]. NBER Working Papers, 2017.

[41] European Commission. DESI 2015. Digital Economy and Society Index. Methodological Note [R]. Brussels: European Commission, 2015.

[42] Fare R, Shawna G, Mary N, et al. Productivity Growth, Technical

Progress, and Efficiency Change in Industrialized Countries [J]. American Economic Review, 1994, 84 (5): 1040-1044.

[43] Farrell M J. The Measurement of Productive Efficiency [J]. Journal of the Royal Statistical Society, 1957, 120 (3): 253-281.

[44] Freeman C, Dosi G, Orsenigo L, et al. Part II-Evolution, Technology, and Institutions: A Wider Framework for Economic Analysis [J]. Technical Change and Economic Theory, 1988, 2 (5): 9-119.

[45] Fudenberg D, Villas-Boas J M. Price Discrimination in the Digital Economy [M]. Oxford: Oxford Handbook of the Digital Economy, 2012.

[46] García-Herrero A, Xu J. How Big is China's Digital Economy? [R]. HKUST IEMS Working Paper Series 2018-56, 2018.

[47] Gelbach J B. When Do Covariates Matter? And Which Ones and How Much? [J]. Journal of Labor Economics, 2016, 34 (2): 509-543.

[48] Giday H. Information Communications Technology and Economic Growth in Sub-Saharan Africa: A Panel Data Approach [J]. Telecommunications Policy, 2019, 43 (1): 88-99.

[49] Goldfarb A, Tucker C. Digital Economics [J]. Journal of Economic Literature, 2019, 57 (1): 3-43.

[50] Gordon R J, Sayed H. Transatlantic Technologies: The Role of ICT in the Evolution of U. S. and European Productivity Growth [J]. International Productivity Monitor, 2020, 38 (9): 50-80.

[51] Gordon R J. Does the "New Economy" Measure up to the Great Inventions of the Past? [J]. The Journal of Economic Perspectives, 2000, 14 (4): 49-74.

[52] Gordon R J. The Rise and Fall of American Growth: The U. S. Standard of Living Since the Civil War [M]. Princeton: Princeton University Press, 2016.

[53] Graetz G, Michaels G. Robots at Work [J]. Review of Economics and Statistics, 2018, 100: 753-768.

[54] Hall R E, Jones C I. Why Do Some Countries Produce So Much More Output Per Worker than Others? [J]. The Quarterly Journal of Economics, 1999,

114 (1): 83-116.

[55] Hatzius J, Dawsey K. Doing the Sums on Productivity Paradox v2. 0 [R]. Goldman Sachs U. S. Economics Analyst, No. 15/30, 2015.

[56] Hayes A F, Preacher K J. Quantifying and Testing Indirect Effects in Simple Mediation Models When the Constituent Paths Are Nonlinear [J]. Multivariate Behavioral Research, 2010, 45 (4): 627-660.

[57] Heckman J, Pinto R, Savelyev P. Understanding the Mechanisms Through Which an Influential Early Childhood Program Boosted Adult Outcomes [J]. The American Economic Review, 2013, 103 (6): 2052-2086.

[58] Henderson P, Hu J, Romoff J, et al. Towards the Systematic Reporting of the Energy and Carbon Footprints of Machine Learning [J]. Journal of Machine Learning Research, 2020, 21 (2): 1-20.

[59] Heo P S, Lee D H. Evolution of the Linkage Structure of ICT Industry and its Role in the Economic System: The Case of Korea [J]. Information Technology for Development, 2018, 25 (3): 1-31.

[60] House of Commons. The Digital Economy [R]. London: House of Commons Business, Innovation and Skills Committee, 2016.

[61] Huang H. How Does Information Transmission Influence the Value Creation Capability of a Digital Ecosystem? An Empirical Study of the Crypto-Digital Ecosystem Ethereum [J]. Sustainability, 2019, 11 (19): 1-16.

[62] International Telecommunications Union. Measuring the Information Society Report [EB/OL]. (2018-01-20)[2022-02-25] . https: //www. itu int/pub/D-IND-ICTOI-2018.

[63] Jarratt D, Thompson J. Virtual Business Models to Aaddress Real World Strategic Challenges[J]. Emergence: Complexity & Organization, 2012, 14 (2): 1-24.

[64] Jiang F, Wang D, Wei Z. How Yin-Yang Cognition Affects Organizational Ambidexterity: The Mediating Role of Strategic Flexibility [J]. Asia Pacific Journal of Management, 2021, 39: 1187-1214.

[65] Jorgenson D W, Ho M S, Stiroh K J. A Retrospective Look at the

U. S. Productivity Growth Resurgence[J]. Journal of Economic Perspectives, 2008, 22 (1): 3-24.

[66] Jorgenson D W, Ho M S, Stiroh K J. Information Technology and the American Growth Resurgence, Productivity [M]. Cambridge: MIT Press, 2005.

[67] Jorgenson D W, Stiroh K J. Computers and Growth [J]. Economics of Innovation and New Technology, 1995, 3 (3): 295-316.

[68] Kapoor A. Financial Inclusion and the Future of the Indian Economy [J]. Futures, 2014, 56 (10): 35-42.

[69] Kling R, Lamb R. IT and Organizational Change in Digital Economies: A Socio-Technical Approach [J]. Computers and Society, 1999, 29 (3): 17-25.

[70] Knickrehm M, Berthon B, Daugherty P. Digital Disruption: The Growth Multiplier [EB/OL]. (2016-04-24) [2022-02-25]. https://www.accenture.com/acnmedia/PDF-4/Accenture-Strategy-Digital Disruption-Growth-Multiplier. pdf.

[71] Koutroumpis P. The Economic Impact of Broadband on Growth: A Simultaneously Approach [J]. Telecommunications Policy, 2009, 33 (9): 471-481.

[72] Lashkari D, Bauer A, Boussard J. Information Technology and Returns to Scale [R]. Working Papers, 2019.

[73] Lazović V, Duričković T. The Digital Economy in Developing Countries Challenges and Opportunites [C]. 2014 37th International Convention on Information and Communication Technology, Electronics and Microelectronics, 2014.

[74] Lee S Y T, Gholami R, Tong T Y. Time Series Analysis in the Assessment of ICT Impact at the Aggregate Level-Lessons and Implications for the New Economy [J]. Information & Management, 2005, 42 (7): 1009-1022.

[75] Li Y, Yang X D, Ran Q Y, et al. Energy Structure, Digital Economy, and Carbon Emissions: Evidence from China [J]. Environmental Science and Pollution Research, 2021, 28 (45): 64606-64626.

[76] Lind J T, Mehlum H. With or Without U? The Appropriate Test for a U-Shaped Relationship [J]. Oxford Bulletin of Economics and Statistics, 2010,

72 (1): 1-12.

[77] Lordan G, Neumark D. People Versus Machines: The Impact of Mini-mum Wages on Automatable Jobs [J]. Labour Economics, 2018, 52 (6): 40-53.

[78] Maurseth P B. The Effect of the Intemet on Economic Growth: Counter-Evidence from Cross - Country Panel Data [J]. Economics Letters, 2018, 172 (11): 74-77.

[79] Mokyr J. Secular Stagnation? Not in Your Life[M]//Teulings C, Bald-win R. Secular Stagnation: Facts, Causes and Cures. London: CEPR Press, 2014.

[80] Moulton B R. GDP and the Digital Economy: Keeping up with the Changes[C]//Brynjolfsson E, Kahin B. Understanding the Digital Economy:Data, Tools and Research. MIT Express, 1999.

[81] Muhammad J, Dominic P D D, Naseebullah N, et al. Towards Digital Economy: The Development of ICT and E-Commerce in Malaysia [J]. Modern Applied Science, 2011, 5 (2): 72-98.

[82] Nathan M, Rosso A. Measuring the UK'S Digital Economy with Big Da-ta [R]. National Institute of Economic and Social Research, 2012.

[83] Nordhaus W. Productivity Growth and the New Economy [J]. Brookings Papers on Economic Activity, 2002, 33 (2): 211-265.

[84] Noyelle T J. Skills, Wages, and Productivity in the Service Sector [M]. Boulder: Westview Press, 1990.

[85] Numn N, Qian N U S. Food Aid and Civil Conflict [J]. American Economic Review, 2014, 104 (6): 1630-1666.

[86] OECD. A Proposed Framework for Digital Supply-use Tables [R]. Pairs: OECD Publishing, 2018.

[87] OECD. Measuring Digital Trade: Towards a Conceptual Framework [R]. Pairs: OECD Publishing, 2017.

[88] OECD. Measuring the Digital Economy: A New Perspective [R]. Pairs: OECD Publishing, 2014.

[89] Oh D H. A Global Malmquist-Luenberger Productivity Index [J]. Jour-

nal of Productivity Analysis, 2010, 34 (3): 183-197.

[90] Oliner S D, Sichel D E. The Resurgence of Growth in the Late 1990s: Is Information Technology the Story? [J]. Finance & Economics Discussion, 2002, 14 (4): 3-22.

[91] Parker G G, Van Alstyne M W, Choundary S P. Platform Revolution: How Networked Markets are Transforming the Economy [M]. New York: W. W. Norton & Company, 2017.

[92] Paunov C, Rollo V. Has the Internet Fostered Inclusive Innovation in the Developing World? [J]. World Development, 2016, 78 (2): 587-609.

[93] Peters B, Riley R R, Siedschlag I, et al. Internationalization, Innovation and Productivity in Services: Evidence from Germany, Ireland and the United Kingdom [J]. Review of World Economics, 2018, 154 (3): 585-615.

[94] Petkovska T, Mirchevska T P, Angelova B. Digital Economy, Entrepreneurship and the Concept of Open Innovation [J]. Journal of Sustainable Development, 2018, 8 (19): 82.

[95] Polak P. The Productivity Paradox: A Meta-Analysis [J]. Information Economics and Policy, 2017, 38 (3): 38-54.

[96] Porter M E, Heppelmann J E. How Smart, Connected Products are Transforming Companies [J]. Harvard Business Review, 2014, 92 (2): 24.

[97] Pradhan R P, Arvin M B, Bahmani S, et al. Telecommunications Infrastructure and Economic Growth: Comparative Policy Analysis for the G-20 Developed and Developing Countries [J]. Journal of Comparative Policy Analysis, 2014, 16 (5): 401-423.

[98] Reynolds T, Vallejo C S, Stryszowski P, et al. OECD Internet Economy Outlook [R]. Pairs: OECD Publishing, 2012.

[99] Richter C, Kraus S, Brem A. Digital Entrepreneurship: Innovative Business Models for the Sharing Economy [J]. Creativity and Innovation Management, 2017, 26 (3): 300-310.

[100] Rifkin J. The Zero Marginal Cost Society: The Internet of Things, the

Collaborative Commons, and the Eclipse of Capitalism [M]. New York: Palgrave Macmillan, 2014.

[101] Rouse M. Digital Economy[EB/OL]. (2016-09-24)[2022-02-25]. http: //searchcio. techtarget. com/definition/digital-economy.

[102] Ru S, Liu J, Wang T, et al. Provincial Quality of Economic Growth: Measurements and Influencing Factors for China [J]. Sustainability, 2020, 12 (4): 1-17.

[103] Salahuddin M, Alam K, Ozturk I. The Effects of Intemet Usage and Economic Growth on CO_2 Emissions in OECD Countries: A Panel Investigation [J]. Renewable & Sustainable Energy Reviews, 2016, 62 (9): 1226-1235.

[104] Shao B B M, Lin W T. Assessing Output Performance of Information Technology Service Industries: Productivity, Innovation and Catch-up [J]. International Journal of Production Economics, 2016, 172 (2): 43-53.

[105] Siegel D, Griliches Z. Purchased Services, Outsourcing, Computers, and Productivity in Manufacturing [R]. Nber Chapter, 1991.

[106] Solow R M. We'd Better Watch Out [J]. The New York Times Review of Books, 1987, 36 (7): 12-36.

[107] Stiroh K J. Information Technology and the US Productivity Revival: What Do the Industry Data Say? [J]. American Ecomomic Review, 2002 (5): 1559-1576.

[108] Stiroh K J. Reassessing the Impact of Information Technology in the Production Function: A Meta-Analysis [R]. New York: Working Papers, 2002.

[109] Strobel T. ICT Intermediates and Productivity Spillovers Evidence from German and US Manufacturing Sectors [J]. Structural Change and Economic Dynamics, 2016, 37 (7): 147-163.

[110] Strubell E, Ganesh A, Mccallum A. Energy and Policy Considerations for Deep Leaming in NLP [C]. Italy: Cornell University, 2019.

[111] Tapscott D. The Digital Economy: Promise and Peril in the Age of Networked Intelligence [M]. New York: McGraw-Hill, 1996.

[112] Teece D J. Profiting from Innovation in the Digital Economy: Enabling

Technologies, Standards, and Licensing Models in the Wireless World [J]. Research Policy, 2018, 47 (8): 1367-1387.

[113] Tranos E. The Causal Effect of the Internet Infrastructure on the Economic Development of European City Regions [J]. Spatial Economic Analysis, 2012, 7 (3): 319-337.

[114] Van Ark B. The Productivity Paradox of the New Digital Economy [J]. International Productivity Monitor, 2016, 31 (1): 3-18.

[115] Villarreal O, Calvo N. From the Triple Helix Model to the Global Open Innovation Model: A Case Study Based on International Cooperation for Innovation in Dominican Republic [J]. Journal of Engineering and Technology Management, 2015, 35 (10): 71-92.

[116] Volberda H, Van Den Bosch F, Heij C V. Management Innovation: Management as Fertile Ground for Innovation [J]. European Management Review, 2013, 10 (1): 1-15.

[117] Wamba S F, Gunasekaran A, Akter S, et al. Big Data Analytics and Firm Performance: Effects of Dynamic Capabilities [J]. Journal of Business Research, 2017, 70 (1): 356-365.

[118] Williamson O E. The Theory of the Firm as Governance Structure: From Choice to Contract [J]. The Journal of Economic Perspectives, 2002, 16 (3): 171-195.

[119] World Economic Forum. The Global Information Technology Report 2016 [EB/OL]. (2016-06-06) [2022-02-25] . https: //www. weforum. org/docs/GITR2016/WEF_ GITR_ Full_ Report. pdf.

[120] Zhu X K, Hu R F, Zhang C, et al. Does Internet Use Improve Technical Efficiency? Evidence from Apple Production in China [J]. Technological Forecasting and Social Change, 2021, 166 (6): 17-25.

[121] 安同良, 杨晨. 互联网重塑中国经济地理格局: 微观机制与宏观效应 [J]. 经济研究, 2020, 55 (2): 4-19.

[122] 白俊红, 王钺, 蒋伏心等. 研发要素流动、空间知识溢出与经济

增长［J］. 经济研究，2017，52（7）：109-123.

［123］白雪洁，宋培，李琳等. 数字经济能否推动中国产业结构转型?：基于效率型技术进步视角［J］. 西安交通大学学报（社会科学版），2021，41（6）：1-15.

［124］柏培文，喻理. 数字经济发展与企业价格加成：理论机制与经验事实［J］. 中国工业经济，2021，404（11）：59-77.

［125］保罗·梅森. 新经济的逻辑：个人、企业和国家如何应对未来［M］. 熊海虹译. 北京：中信出版社，2017.

［126］蔡昉. 以提高全要素生产率推动高质量发展［J］. 决策探索，2018，709（23）：6.

［127］蔡昉. 中国经济增长如何转向全要素生产率驱动型［J］. 中国社会科学，2013，205（1）：56-71.

［128］蔡跃洲，马文君. 数据要素对高质量发展影响与数据流动制约［J］. 数量经济技术经济研究，2021，38（3）：641-683.

［129］蔡跃洲，牛新星. 中国数字经济增加值规模测算及结构分析［J］. 中国社会科学，2021，311（11）：4-30+204.

［130］蔡跃洲，张钧南. 信息通信技术对中国经济增长的替代效应与渗透效应［J］. 经济研究，2015，50（12）：100-114.

［131］蔡跃洲. 数字经济的增加值及贡献度测算：历史沿革、理论基础与方法框架［J］. 求是学刊，2018，45（5）：65-71.

［132］钞小静，廉园梅，罗鎏锴. 新型数字基础设施对制造业高质量发展的影响［J］. 财贸研究，2021，32（10）：1-13.

［133］钞小静，薛志欣，王宸威. 中国新经济的逻辑、综合测度及区域差异研究［J］. 数量经济技术经济研究，2021，38（10）：3-23.

［134］陈斌开，金箫，欧阳涤非. 住房价格、资源错配与中国工业企业生产率［J］. 世界经济，2015，38（4）：77-98.

［135］陈冲，吴炜聪. 消费结构升级与经济高质量发展：驱动机理与实证检验［J］. 上海经济研究，2019，369（6）：59-71.

［136］陈川，许伟. 以人民为中心的高质量发展理论内涵［J］. 宏观经

济管理，2020，437（3）：15-20.

［137］陈春花. 价值共生：数字化时代的组织管理［M］. 北京：人民邮电出版社，2021.

［138］陈景华，陈姚，陈敏敏. 中国经济高质量发展水平、区域差异及分布动态演进［J］. 数量经济技术经济研究，2020，37（12）：108-126.

［139］陈诗一，陈登科. 雾霾污染、政府治理与经济高质量发展［J］. 经济研究，2018，53（2）：20-34.

［140］陈维涛，韩峰，张国峰. 互联网电子商务、企业研发与全要素生产率［J］. 南开经济研究，2019，209（5）：41-59.

［141］陈文，吴赢. 数字经济发展、数字鸿沟与城乡居民收入差距［J］. 南方经济，2021，386（11）：1-17.

［142］陈晓红，李杨扬，宋丽洁等. 数字经济理论体系与研究展望［J］. 管理世界，2022，38（2）：208-224+13-16.

［143］陈永伟，曾昭睿. 机器人与生产率：基于省级面板数据的分析［J］. 山东大学学报（哲学社会科学版），2020，239（2）：82-97.

［144］成力为，孙玮. 市场化程度对自主创新配置效率的影响：基于Cost-Malmquist 指数的高技术产业行业面板数据分析［J］. 中国软科学，2012，258（5）：128-137.

［145］邓洲. 基于产业分工角度的中国数字经济发展优劣势分析［J］. 经济纵横，2020，413（4）：67-76.

［146］丁志帆. 数字经济驱动经济高质量发展的机制研究：一个理论分析框架［J］. 现代经济探讨，2020，457（1）：85-92.

［147］董有德，米筱筱. 互联网成熟度、数字经济与中国对外直接投资——基于 2009 年—2016 年面板数据的实证研究［J］. 上海经济研究，2019，（3）：65-74.

［148］杜传忠，张远. 数字经济发展对企业生产率增长的影响机制研究［J］. 证券市场导报，2021，343（2）：41-51.

［149］杜庆昊. 数字产业化和产业数字化的生成逻辑及主要路径［J］. 经济体制改革，2021，230（5）：85-91.

［150］范合君，吴婷．数字化能否促进经济增长与高质量发展：来自中国省级面板数据的经验证据［J］．管理学刊，2021，34（3）：36-53.

［151］范恒山．推进城乡协调发展的五大着力点［J］．经济纵横，2020，411（2）：1-5+137.

［152］范鑫．数字经济发展、国际贸易效率与贸易不确定性［J］．财贸经济，2020，41（8）：145-160.

［153］冯南平，王之颖，魏芬芬．企业技术创新、管理创新与融资方式关系研究：来自中国制造业企业的证据［J］．华东经济管理，2021，35（9）：1-10.

［154］干春晖，郑若谷，余典范．中国产业结构变迁对经济增长和波动的影响［J］．经济研究，2011，46（5）：4-16+31.

［155］高帆．中国区域农业全要素生产率的演变趋势与影响因素：基于省际面板数据的实证分析［J］．数量经济技术经济研究，2015，32（5）：3-19+53.

［156］高楠，张新成，王琳艳．中国红色旅游网络关注度时空特征及影响因素［J］．自然资源学报，2020，35（5）：1068-1089.

［157］高培勇，刘霞辉，袁富华．经济高质量发展理论大纲［M］．北京：人民出版社，2020.

［158］高杨，牛子恒．农业信息化、空间溢出效应与农业绿色全要素生产率：基于SBM-ML指数法和空间杜宾模型［J］．统计与信息论坛，2018，33（10）：66-75.

［159］高煜．我国经济高质量发展中人工智能与制造业深度融合的智能化模式选择［J］．西北大学学报（哲学社会科学版），2019，49（5）：28-35.

［160］葛和平，吴福象．数字经济赋能经济高质量发展：理论机制与经验证据［J］．南京社会科学，2021，399（1）：24-33.

［161］郭吉涛，梁爽．数字经济对中国全要素生产率的影响机理：提升效应还是抑制效果？［J］．南方经济，2021，385（10）：9-27.

［162］郭家堂，骆品亮．互联网对中国全要素生产率有促进作用吗？

[J]. 管理世界，2016，277（10）：34-49.

[163] 郭凯明，潘珊，颜色. 新型基础设施投资与产业结构转型升级 [J]. 中国工业经济，2020，384（3）：63-80.

[164] 郭美晨，杜传忠. ICT提升中国经济增长质量的机理与效应分析 [J]. 统计研究，2019，36（3）：3-16.

[165] 韩晨，高山行，王钦. 政府支持提升企业财务绩效的机理：双核创新的多重中介效应 [J]. 软科学，2018，32（9）：34-38.

[166] 韩先锋，宋文飞，李勃昕. 互联网能成为中国区域创新效率提升的新动能吗 [J]. 中国工业经济，2019，376（7）：119-136.

[167] 韩兆安，赵景峰，吴海珍. 中国省际数字经济规模测算、非均衡性与地区差异研究 [J]. 数量经济技术经济研究，2021，38（8）：164-181.

[168] 何乔，温菁. 管理创新与技术创新匹配性对企业绩效的影响 [J]. 华东经济管理，2018，32（7）：126-132.

[169] 何小钢，梁权熙，王善骝. 信息技术、劳动力结构与企业生产率：破解"信息技术生产率悖论"之谜 [J]. 管理世界，2019，35（9）：65-80.

[170] 何小钢，王善骝. 信息技术生产率悖论：理论演进与跨越路径 [J]. 经济学家，2020，259（7）：42-52.

[171] 何瑛，于文蕾，戴逸驰等. 高管职业经历与企业创新 [J]. 管理世界，2019，35（11）：174-192.

[172] 贺晓宇，沈坤荣. 现代化经济体系、全要素生产率与高质量发展 [J]. 上海经济研究，2018，357（6）：25-34.

[173] 洪银兴. 以新发展理念全面开启现代化新征程 [J]. 人民论坛，2020，686（31）：24-27.

[174] 洪银兴. 资源配置效率和供给体系的高质量 [J]. 江海学刊，2018，318（5）：84-91.

[175] 胡贝贝，王胜光，段玉厂. 互联网引发的新技术：经济范式解析 [J]. 科学学研究，2019，37（4）：582-589.

[176] 胡晨沛，吕政. 中国经济高质量发展水平的测度研究与国际比

较：基于全球 35 个国家的实证分析 [J]. 上海对外经贸大学学报，2020，27（5）：91-100.

[177] 黄群慧，余泳泽，张松林. 互联网发展与制造业生产率提升：内在机制与中国经验 [J]. 中国工业经济，2019，377（8）：5-23.

[178] 黄永明，姜泽林. 金融结构、产业集聚与经济高质量发展 [J]. 科学学研究，2019，37（10）：1775-1785.

[179] 黄勇峰，任若恩，刘晓生. 中国制造业资本存量永续盘存法估计 [J]. 经济学（季刊），2002，2（1）：377-396.

[180] 江红莉，蒋鹏程. 数字金融能提升企业全要素生产率吗？：来自中国上市公司的经验证据 [J]. 上海财经大学学报，2021，23（3）：3-18.

[181] 江小涓，罗立彬. 网络时代的服务全球化：新引擎、加速度和大国竞争力 [J]. 中国社会科学，2019，278（2）：68-91+205-206.

[182] 江小涓. 高度联通社会中的资源重组与服务业增长 [J]. 经济研究，2017，52（3）：4-17.

[183] 姜奇平. 数字经济学的基本问题与定性、定量两种分析框架 [J]. 财经问题研究，2020，444（11）：13-21.

[184] 焦豪，杨季枫，王培暖等. 数据驱动的企业动态能力作用机制研究：基于数据全生命周期管理的数字化转型过程分析 [J]. 中国工业经济，2021，404（11）：174-192.

[185] 焦帅涛，孙秋碧. 中国数字经济发展测度及其影响因素研究 [J]. 调研世界，2021，334（7）：13-23.

[186] 杰里米·里夫金. 第三次工业革命：新经济模式如何改变世界 [M]. 张体伟译. 北京：中信出版社. 2012.

[187] 金碚. 关于"高质量发展"的经济学研究 [J]. 中国工业经济，2018，361（4）：5-18.

[188] 荆文君，孙宝文. 数字经济促进经济高质量发展：一个理论分析框架 [J]. 经济学家，2019，242（2）：66-73.

[189] 景维民，王瑶，莫龙炯. 教育人力资本结构、技术转型升级与地区经济高质量发展 [J]. 宏观质量研究，2019，7（4）：18-32.

［190］康铁祥．中国数字经济规模测算研究［J］．当代财经，2008，280（3）：118-121.

［191］邝劲松，彭文斌．数字经济驱动经济高质量发展的逻辑阐释与实践进路［J］．探索与争鸣，2020，347（12）：132-136+200.

［192］李光龙，范贤贤．财政支出、科技创新与经济高质量发展：基于长江经济带 108 个城市的实证检验［J］．上海经济研究，2019，373（10）：46-60.

［193］李华，董艳玲．中国经济高质量发展水平及差异探源：基于包容性绿色全要素生产率视角的考察［J］．财经研究，2021，47（8）：4-18.

［194］李辉．大数据推动中国经济高质量发展的理论机理、实践基础与政策选择［J］．经济学家，2019，243（3）：52-59.

［195］李雷，杨水利，陈娜．"互联网+"、技术异质性与创新效率：基于省际工业企业面板数据研究［J］．中国地质大学学报（社会科学版），2021，21（3）：125-141.

［196］李欠男，李谷成．互联网发展对农业全要素生产率增长的影响［J］．华中农业大学学报（社会科学版），2020，148（4）：71-78+177.

［197］李三希．中国数字经济发展的主要特点和突出优势［J］．国家治理，2021，330（18）：3-7.

［198］李帅娜．数字技术赋能服务业生产率：理论机制与经验证据［J］．经济与管理研究，2021，42（10）：51-67.

［199］李宗显，杨千帆．数字经济如何影响中国经济高质量发展？［J］．现代经济探讨，2021，475（7）：10-19.

［200］蔺鹏，孟娜娜．环境约束下京津冀区域经济发展质量测度与动力解构：基于绿色全要素生产率视角［J］．经济地理，2020，40（9）：36-45.

［201］刘华，肖挺，夏杰长．制造业信息化对行业生产率的影响：基于 DEA-Malmquist 指数的省级面板数据分析［J］．情报杂志，2013，32（3）：166-172.

［202］刘家旗，茹少峰．数字经济如何影响经济高质量发展：基于国际比较视角［J］．经济体制改革，2022，232（1）：157-163.

［203］刘家旗，茹少峰．西部地区经济增长影响因素分析及其高质量发展的路径选择［J］．经济问题探索，2019，446（9）：82-90．

［204］刘家旗，茹少峰．中国高质量发展水平测度：人民群众感知视角［J］．经济纵横，2021，426（5）：93-101．

［205］刘建民，薛妍．财政分权与经济高质量发展：基于环境规制的"U型"调节效应［J］．河北大学学报（哲学社会科学版），2021，46（1）：58-67．

［206］刘军，杨渊鑫，张三峰．中国数字经济测度与驱动因素研究［J］．上海经济研究，2020，381（6）：81-96．

［207］刘亮，胡国良．人工智能与全要素生产率：证伪"生产率悖论"的中国证据［J］．江海学刊，2020，328（3）：118-123．

［208］刘培刚等．网络经济学［M］．上海：华东理工大学出版社，2014．

［209］刘平峰，张旺．数字技术如何赋能制造业全要素生产率？［J］．科学学研究，2021，39（8）：1396-1406．

［210］刘世锦．产业集聚及其对经济发展的意义［J］．改革，2003（3）：64-68．

［211］刘世锦．推动经济发展质量变革、效率变革、动力变革［J］．中国发展观察，2017，177（21）：5-6+9．

［212］刘淑春．中国数字经济高质量发展的靶向路径与政策供给［J］．经济学家，2019，246（6）：52-61．

［213］刘帅．农业信息化对农业全要素生产率的影响［J］．社会科学家，2021，293（9）：79-85．

［214］刘思明，张世瑾，朱惠东．国家创新驱动力测度及其经济高质量发展效应研究［J］．数量经济技术经济研究，2019，36（4）：3-23．

［215］刘涛，周白雨．效率与路径："新基建"投资驱动与中国经济高质量发展：基于投资类别与投资空间双重异质性［J］．济南大学学报（社会科学版），2021，31（6）：99-113+175．

［216］刘璇．数字经济助力双循环新发展格局：核心机理与创新建议［J］．青海社会科学，2021，252（5）：98-105．

［217］刘亚雪，田成诗，程立燕．世界经济高质量发展水平的测度及比较［J］．经济学家，2020，257（5）：69-78.

［218］刘亦文，欧阳莹，蔡宏宇．中国农业绿色全要素生产率测度及时空演化特征研究［J］．数量经济技术经济研究，2021，38（5）：39-56.

［219］刘志彪，凌永辉．结构转换、全要素生产率与高质量发展［J］．管理世界，2020，36（7）：15-29.

［220］娄伟．重大技术革命解构与重构经济范式研究：基于地理空间视角［J］．中国软科学，2020，349（1）：86-94.

［221］罗小芳，王素素．数字经济、就业与劳动收入增长：基于中国家庭追踪调查（CFPS）数据的实证分析［J］．江汉论坛，2021（11）：5-14.

［222］马茹，罗晖，王宏伟等．中国区域经济高质量发展评价指标体系及测度研究［J］．中国软科学，2019，343（7）：60-67.

［223］马香品．数字经济时代的居民消费变革：趋势、特征、机理与模式［J］．财经科学，2020，382（1）：120-132.

［224］马玉林，马运鹏．中国科技资源配置效率的区域差异及收敛性研究［J］．数量经济技术经济研究，2021，38（8）：83-103.

［225］马智涛，姚辉亚，李斌等．分布式商业：数字化时代的新商业变革［M］．北京：中信出版集团，2020.

［226］孟祺．数字经济与高质量就业：理论与实证［J］．社会科学，2021，486（2）：47-58.

［227］孟庆斌，侯粲然，鲁冰．企业创新与违约风险［J］．世界经济，2019，42（10）：169-192.

［228］闵路路，许正中．数字经济、创新绩效与经济高质量发展——基于中国城市的经验证据［J］．统计与决策，2022，38（3）：11-15.

［229］牟天琦，刁璐，霍鹏．数字经济与城乡包容性增长：基于数字技能视角［J］．金融评论，2021，13（4）：36-57+124-125.

［230］倪红福，冀承．中国平台反垄断政策的过去、现在与未来［J］．改革，2021，333（11）：82-94.

［231］聂长飞，简新华．中国高质量发展的测度及省际现状的分析比较

[J]．数量经济技术经济研究，2020，37（2）：26-47.

［232］宁朝山．基于质量、效率、动力三维视角的数字经济对经济高质量发展多维影响研究［J］．贵州社会科学，2020，364（4）：129-135.

［233］牛晓帆．西方产业组织理论的演化与新发展［J］．经济研究，2004（3）：116-123.

［234］欧进锋，许抄军，刘雨骐．基于"五大发展理念"的经济高质量发展水平测度：广东省21个地级市的实证分析［J］．经济地理，2020，40（6）：77-86.

［235］潘毛毛，赵玉林．互联网融合、人力资本结构与制造业全要素生产率［J］．科学学研究，2020，38（12）：2171-2182+2219.

［236］潘雅茹，罗良文．基础设施投资对经济高质量发展的影响：作用机制与异质性研究［J］．改革，2020，316（6）：100-113.

［237］庞瑞芝，邓忠奇．服务业生产率真的低吗？［J］．经济研究，2014，49（12）：86-99.

［238］逢锦聚，林岗，杨瑞龙等．促进经济高质量发展笔谈［J］．经济学动态，2019，701（7）：3-19.

［239］裴长洪，刘洪愧．中国外贸高质量发展：基于习近平百年大变局重要论断的思考［J］．经济研究，2020，55（5）：4-20.

［240］裴长洪，倪江飞，李越．数字经济的政治经济学分析［J］．财贸经济，2018，39（9）：5-22.

［241］戚聿东，蔡呈伟．数字化对制造业企业绩效的多重影响及其机理研究［J］．学习与探索，2020，300（7）：108-119.

［242］戚聿东，杜博，温馨．国有企业数字化战略变革：使命嵌入与模式选择：基于3家中央企业数字化典型实践的案例研究［J］．管理世界，2021，37（11）：137-158+10.

［243］戚聿东，刘翠花，丁述磊．数字经济发展、就业结构优化与就业质量提升［J］．经济学动态，2020，717（11）：17-35.

［244］戚聿东，肖旭．数字经济时代的企业管理变革［J］．管理世界，2020，36（6）：135-152+250.

［245］戚聿东，徐凯歌．后摩尔时代数字经济的创新方向［J］．北京大学学报（哲学社会科学版），2021，58（6）：138-146.

［246］邱子迅，周亚虹．数字经济发展与地区全要素生产率：基于国家级大数据综合试验区的分析［J］．财经研究，2021，47（7）：4-17.

［247］屈小娥．中国省际全要素能源效率变动分解：基于 Malmquist 指数的实证研究［J］．数量经济技术经济研究，2009，26（8）：29-43.

［248］全自强，李鹏翔，杨磊等．商业模式创新与技术创新匹配性对后发企业绩效的影响——来自年报文本分析的实证研究［J］．科技进步与对策，2022（11）：84-93.

［249］任保平，豆渊博．"十四五"时期新经济推进中国产业结构升级的路径与政策［J］．经济与管理评论，2021，37（1）：10-22.

［250］任保平，李培伟．数字经济培育中国经济高质量发展新动能的机制与路径［J］．陕西师范大学学报（哲学社会科学版），2022，51（1）：121-132.

［251］任保平．数字经济引领高质量发展的逻辑、机制与路径［J］．西安财经大学学报，2020，33（2）：5-9.

［252］任保平．新时代中国经济从高速增长转向高质量发展：理论阐释与实践取向［J］．学术月刊，2018，50（3）：66-74+86.

［253］任保显．中国省域经济高质量发展水平测度及实现路径：基于使用价值的微观视角［J］．中国软科学，2020，358（10）：175-183.

［254］茹少峰，李祥丽，杜建丽．大数据时代中国新常态经济增长中技术创新的路径转型［J］．人文杂志，2015，228（4）：36-40.

［255］茹少峰，刘家旗．网络经济促进中国供给侧结构性改革研究［J］．黑龙江社会科学，2017，162（3）：56-61.

［256］茹少峰，刘家旗．网络经济资本深化对中国潜在经济增长率的贡献解析［J］．经济纵横，2018，397（12）：78-87.

［257］茹少峰，魏博阳，刘家旗．以效率变革为核心的中国经济高质量发展的实现路径［J］．陕西师范大学学报（哲学社会科学版），2018，47（3）：114-125.

［258］上官绪明，葛斌华．科技创新、环境规制与经济高质量发展：来自中国 278 个地级及以上城市的经验证据［J］．中国人口·资源与环境，2020，30（6）：95-104.

［259］盛斌，刘宇英．中国数字经济发展指数的测度与空间分异特征研究［J］．南京社会科学，2022，411（1）：43-54.

［260］师博，任保平．中国省际经济高质量发展的测度与分析［J］．经济问题，2018（4）：1-6.

［261］师博．数字经济促进城市经济高质量发展的机制与路径［J］．西安财经大学学报，2020，33（2）：10-14.

［262］石大千，李格，刘建江．信息化冲击、交易成本与企业 TFP：基于国家智慧城市建设的自然实验［J］．财贸经济，2020，41（3）：117-130.

［263］史丹，李鹏．我国经济高质量发展测度与国际比较［J］．东南学术，2019，273（5）：169-180.

［264］数字中国研究院．新兴的数字经济［M］．北京：中国友谊出版公司，1999.

［265］宋洋．数字经济、技术创新与经济高质量发展：基于省级面板数据［J］．贵州社会科学，2020，372（12）：105-112.

［266］孙早，侯玉琳．工业智能化如何重塑劳动力就业结构［J］．中国工业经济，2019，374（5）：61-79.

［267］孙早，侯玉琳．人工智能发展对产业全要素生产率的影响：一个基于中国制造业的经验研究［J］.经济学家，2021，265（1）：32-42.

［268］唐亚汇，李凌．分享经济：理论辨析、模式比较与规制思路［J］．经济学家，2017，228（12）：42-49.

［269］田友春，卢盛荣，李文溥．中国全要素生产率增长率的变化及提升途径：基于产业视角［J］．经济学（季刊），2021，21（2）：445-464.

［270］万永坤，王晨晨．数字经济赋能高质量发展的实证检验［J］．统计与决策，2022，38（4）：21-26.

［271］王彬燕，田俊峰，程利莎等．中国数字经济空间分异及影响因素［J］．地理科学，2018，38（6）：859-868.

[272] 王桂荣，张雪慧，王娟．管理创新与技术创新［M］．青岛：中国石油大学出版社，2009.

[273] 王宏伟．信息产业与中国经济增长的实证分析［J］．中国工业经济，2009，260（11）：66-76.

[274] 王娟．数字经济驱动经济高质量发展：要素配置和战略选择［J］．宁夏社会科学，2019，235（5）：88-94.

[275] 王军，朱杰，罗茜．中国数字经济发展水平及演变测度［J］．数量经济技术经济研究，2021，38（7）：26-42.

[276] 王开科，吴国兵，章贵军．数字经济发展改善了生产效率吗［J］．经济学家，2020，262（10）：24-34.

[277] 王如玉，梁琦，李广乾．虚拟集聚：新一代信息技术与实体经济深度融合的空间组织新形态［J］．管理世界，2018，34（2）：13-21.

[278] 王姝楠，陈江生．数字经济的技术：经济范式［J］．上海经济研究，2019，375（12）：80-94.

[279] 王恕立，胡宗彪．中国服务业分行业生产率变迁及异质性考察［J］．经济研究，2012，47（4）：15-27.

[280] 王卫，綦良群．中国装备制造业全要素生产率增长的波动与异质性［J］．数量经济技术经济研究，2017，34（10）：111-127.

[281] 王文．数字经济时代下工业智能化促进了高质量就业吗［J］．经济学家，2020，256（4）：89-98.

[282] 王业斌，许雪芳．减税降费与经济高质量发展：来自小微企业的微观证据［J］．税务研究，2019，419（12）：16-21.

[283] 王泽宇，王焱熙，赵莉等．中国制造业全要素生产率时空演变及影响因素［J］．地理学报，2021，76（12）：3061-3075.

[284] 魏敏，李书昊．新时代中国经济高质量发展水平的测度研究［J］．数量经济技术经济研究，2018，35（11）：3-20.

[285] 温珺，阎志军，程愚．数字经济与区域创新能力的提升［J］．经济问题探索，2019，448（11）：112-124.

[286] 吴晓怡，张雅静．中国数字经济发展现状及国际竞争力［J］．科

研管理，2020，41（5）：250-258.

[287] 吴义爽，盛亚，蔡宁.基于"互联网+"的大规模智能定制研究：青岛红领服饰与佛山维尚家具案例 [J].中国工业经济，2016，337（4）：127-143.

[288] 吴志军，梁晴.中国经济高质量发展的测度、比较与战略路径 [J].当代财经，2020，425（4）：17-26.

[289] 鲜祖德，王天琪.中国数字经济核心产业规模测算与预测 [J].统计研究，2022，39（1）：4-14.

[290] 向书坚，吴文君.OECD 数字经济核算研究最新动态及其启示 [J].统计研究，2018，35（12）：3-15.

[291] 肖利平."互联网+"提升了中国装备制造业的全要素生产率吗 [J].经济学家，2018，240（12）：38-46.

[292] 谢莉娟，陈锦然，王诗将.ICT 投资、互联网普及和全要素生产率 [J].统计研究，2020，37（9）：56-67.

[293] 谢云飞.数字经济对区域碳排放强度的影响效应及作用机制 [J/OL].当代经济管理：1-16 [2021-12-27].http：//kns.cnkinet/kcms/detail/13.1356.F.20211224.1726.002.html.

[294] 熊永莲，谢建国，徐保昌.人口结构、资本积累与中国的全要素生产率 [J].云南财经大学学报，2016，32（1）：38-49.

[295] 徐鹏，徐向艺.人工智能时代企业管理变革的逻辑与分析框架 [J].管理世界，2020，36（1）：122-129+238.

[296] 徐翔，厉克奥博，田晓轩.数据生产要素研究进展 [J].经济学动态，2021，722（4）：142-158.

[297] 徐翔，赵墨非.数据资本与经济增长路径 [J].经济研究，2020，55（10）：38-54.

[298] 徐晓慧.数字经济与经济高质量发展：基于产业结构升级视角的实证 [J].统计与决策，2022，38（1）：95-99.

[299] 许和连，成丽红，孙天阳.制造业投入服务化对企业出口国内增加值的提升效应：基于中国制造业微观企业的经验研究 [J].中国工业经济，

2017, 355 (10): 62-80.

[300] 许恒, 张一林, 曹雨佳. 数字经济、技术溢出与动态竞合政策 [J]. 管理世界, 2020, 36 (11): 63-84.

[301] 许宪春, 张美慧. 中国数字经济规模测算研究: 基于国际比较的视角 [J]. 中国工业经济, 2020, 386 (5): 23-41.

[302] 薛领, 李涛. 土地要素对东北地区经济高质量发展的影响 [J]. 社会科学辑刊, 2020, 250 (5): 40-49.

[303] 薛瑶. 数字经济对我国零售业高质量发展的影响效应研究 [D]. 镇江: 江苏大学, 2022.

[304] 鄢显俊. 从技术经济范式到信息技术范式: 论科技-产业革命在技术经济范式形成及转型中的作用 [J]. 数量经济技术经济研究, 2004 (12): 139-146.

[305] 阎世平, 武可栋, 韦庄禹. 数字经济发展与中国劳动力结构演化 [J]. 经济纵横, 2020, 419 (10): 96-105.

[306] 杨虎涛. 社会-政治范式与技术-经济范式的耦合分析: 兼论数字经济时代的社会-政治范式 [J]. 经济纵横, 2020, 420 (11): 1-11+136.

[307] 杨虎涛. 数字经济的增长效能与中国经济高质量发展研究 [J]. 中国特色社会主义研究, 2020, 153 (3): 21-32.

[308] 杨慧梅, 江璐. 数字经济、空间效应与全要素生产率 [J]. 统计研究, 2021, 38 (4): 3-15.

[309] 杨青峰, 李晓华. 数字经济的技术经济范式结构、制约因素及发展策略 [J]. 湖北大学学报 (哲学社会科学版), 2021, 48 (1): 126-136.

[310] 杨先明, 田永晓, 马娜. 环境约束下中国地区能源全要素效率及其影响因素 [J]. 中国人口·资源与环境, 2016, 26 (12): 147-156.

[311] 杨新臣. 数字经济: 重塑经济新动力 [M]. 北京: 电子工业出版社, 2021.

[312] 杨新铭. 数字经济: 传统经济深度转型的经济学逻辑 [J]. 深圳大学学报 (人文社会科学版), 2017, 34 (4): 101-104.

[313] 杨耀武, 张平. 中国经济高质量发展的逻辑、测度与治理 [J].

经济研究，2021，56（1）：26-42.

［314］叶胥，杜云晗，何文军．数字经济发展的就业结构效应［J］．财贸研究，2021，32（4）：1-13.

［315］易加斌，张梓仪，杨小平等．互联网企业组织惯性、数字化能力与商业模式创新：企业类型的调节效应［J］．南开管理评论，2022（5）：29-40.

［316］易宪容，陈颖颖，位玉双．数字经济中的几个重大理论问题研究：基于现代经济学的一般性分析［J］．经济学家，2019，247（7）：23-31.

［317］易信．新一轮科技革命和产业变革对经济增长的影响研究：基于多部门熊彼特内生增长理论的定量分析［J］．宏观经济研究，2018，240（11）：79-93.

［318］余东华，韦丹琳．互联网应用、技能溢价与制造业全要素生产率：兼论如何有效化解"索洛悖论"［J］．财经问题研究，2021，457（10）：40-48.

［319］余泳泽，王岳龙，李启航．财政自主权、财政支出结构与全要素生产率：来自230个地级市的检验［J］．金融研究，2020，475（1）：28-46.

［320］俞立平．大数据与大数据经济学［J］．中国软科学，2013，271（7）：177-183.

［321］袁淳，肖土盛，耿春晓等．数字化转型与企业分工：专业化还是纵向一体化［J］．中国工业经济，2021，402（9）：137-155.

［322］袁礼，欧阳峣．发展中大国提升全要素生产率的关键［J］．中国工业经济，2018，363（6）：43-61.

［323］袁晓玲，李彩娟，李朝鹏．中国经济高质量发展研究现状、困惑与展望［J］．西安交通大学学报（社会科学版），2019，39（6）：30-38.

［324］岳欣．国家能力与经济发展：基于经济高质量发展目标的再思考［J］．经济学家，2021，265（1）：54-62.

［325］张龙鹏，周笛．服务业信息技术应用与生产率提升：来自中国企业的经验研究［J］．财贸研究，2020，31（6）：1-13.

［326］张路娜，胡贝贝，王胜光．数字经济演进机理及特征研究［J］．

［J］. 深圳大学学报（人文社会科学版），2021，38（4）：79-87.

［341］钟业喜，毛炜圣. 长江经济带数字经济空间格局及影响因素［J］. 重庆大学学报（社会科学版），2020，26（1）：19-30.

［342］周晓时，李俊鹏，吴清华. 人工智能发展对农业生产率的影响：基于跨国面板数据的实证分析［J］. 华中农业大学学报（社会科学版），2021，155（5）：158-167+199.

［343］朱秋博，白军飞，彭超等. 信息化提升了农业生产率吗？［J］. 中国农村经济，2019，412（4）：22-40.